Le retour de la race

La collection *Monde en cours*
est dirigée par Jean Viard

www.aube.lu

ISBN 978-2-8159-0003-4

Le retour de la race

Contre les « statistiques ethniques »

éditions de l'aube

Avant-propos

La Commission alternative de réflexion sur les « statistiques ethniques » et les discriminations : Une initiative indépendante et scientifique

Un Comité pour la mesure et l'évaluation des discriminations et de la diversité (COMEDD), nommé par Yazid Sabeg, a été mis en place le 23 mars 2009. Selon sa lettre de mission, il est chargé « *d'identifier, d'évaluer et de proposer les catégories d'observation mobilisables, dans le cas de la France, pour la mesure et l'évaluation de la diversité et des discriminations* ». Il doit répondre au souhait du président de la République de disposer d'outils qui « *reposent sur des méthodes incontestables* », définis, « *dans un esprit de dialogue, avec l'appui de la communauté scientifique et statistique* ».

Fort bien : mais la mesure de la répartition ethnique de la population vivant sur le territoire français, car c'est de cela qu'il s'agit, a suscité depuis plusieurs années de vifs débats, tant dans la communauté scientifique qu'au sein de la société civile. Or la composition du Comité Sabeg les ignore : aucun scientifique opposé à la mise en place de statistiques ethniques ou simplement dubitatif sur leur utilité n'en fait partie. Le Comité néglige par ailleurs la plupart des disciplines travaillant sur la discrimination : en particulier n'y figure aucun anthropologue, aucun historien, aucun géographe, aucun philosophe. Pire, alors qu'il prétend délivrer un avis scientifique, il ne comprend qu'une petite minorité de scientifiques, partageant de façon ostensible le même avis, en compagnie d'une majorité de représentants d'associations, de grandes entreprises ou d'institutions. Le choix des membres du COMEDD semble avoir été motivé par le seul critère d'une position ouvertement favorable aux statistiques ethniques.

L'idée même d'une politique publique écrite sous la dictée des scientifiques relève, au mieux, de la naïveté, au pire, du cynisme. Le rôle des scientifiques n'est pas de produire des «*méthodes incontestables*» ni d'imposer des choix de société, mais de clarifier les enjeux et les conséquences des choix possibles avant qu'ils soient soumis à une discussion publique et démocratique. Dans sa lettre de mission, Yazid Sabeg veut faire croire que la «science», représentée par quelques partisans de la mesure de l'ethnicité, peut apporter une solution miracle à la discrimination en trois mois de discussion. Nous ne sommes pas dupes.

C'est pourquoi nous avons décidé de créer une «Commission alternative de réflexion sur les "statistiques ethniques" et les discriminations» (CARSED). Composée de scientifiques parmi lesquels des anthropologues, des historiens, des juristes, des géographes, des démographes, des sociologues et des philosophes, la CARSED a abordé des questions essentielles: la lutte contre les discriminations passe-t-elle nécessairement par la définition brutale d'identités ethniques et raciales qui aboutiront inéluctablement à la constitution artificielle de minorités fermées et rivales? Ne faut-il pas privilégier des études ponctuelles en profondeur qui scrutent les modes de discrimination, les discriminateurs et les discriminés pour en comprendre les motifs, et proposer des moyens d'action concrets? Que valent les expériences étrangères quand on les replace dans leur contexte historique et social ? Quelles sont les attentes des entreprises, des associations et des institutions ?

Une ou deux fois par semaine depuis le début du mois d'avril 2009, la CARSED a débattu autour d'exposés de ses membres et auditionné des acteurs de la société civile concernés par la discrimination. Le présent ouvrage livre la synthèse de ses travaux. Pour y parvenir, il était important de se tenir à distance du politique. Dans cette optique, la CARSED a fonctionné en dehors de toute institution et sans financement. Le débat sur des questions de sociétés qui concerne chacun d'entre nous doit se dérouler en public, et non dans un cénacle d'experts ou prétendus tels par la grâce du prince. Les textes qui suivent proposent de véritables alternatives aux politiques actuelles de la diversité, des alternatives en profondeur qui prennent au sérieux la montée des inégalités au lieu de se livrer à des gesticulations cosmétiques dont le seul effet risque d'être une racialisation de la France.

Introduction

La politique actuelle en matière de discrimination représente un **leurre politique**. Elle se justifie au moyen d'un **leurre scientifique** qui porte en germe de graves dangers de **catégorisations** et de fractures au sein de la population résidant en France. Or une **politique raisonnable** peut être menée contre les discriminations, appuyée par une recherche sérieuse, qui toutes deux assurent la protection de la vie privée des citoyens. Tels seront les quatre points développés dans cette introduction.

Un leurre politique

L'égalité des citoyens figure à l'article 1 de la Constitution de notre République. Elle signifie que dans l'existence politique, le collectif en tant que lieu de l'égalité l'emporte sur l'individuel en tant que lieu de la différence. Le fait de vouloir institutionnaliser toute différence porte ainsi atteinte au principe de la laïcité qui sert de critère à la distinction entre domaine personnel et domaine collectif.

Le respect du principe d'égalité ne signifie pas un aveuglement face aux discriminations et aux inégalités. Il constitue au contraire la raison de lutter contre elles. La lutte contre les discriminations est menée actuellement en France sur de nombreux terrains par des associations, par des juristes, par des avocats, par des intellectuels et par des politiques.

Elle a inspiré de nombreuses politiques territoriales (zones d'éducation prioritaires, zones urbaines sensibles, etc.). Elle est même la raison d'être d'institutions publiques comme la HALDE, justement nommée Haute autorité de lutte contre les discriminations. Il est alors légitime de se demander si le but poursuivi par Yazid Sabeg à travers le COMEDD n'est pas de museler et d'encadrer toutes ces initiatives de lutte contre la discrimination qui inquiètent certaines entreprises. Le COMEDD comprend un nombre appréciable de représentants du patronat, dont certains défendent un label « diversité » qui éviterait aux entreprises d'être inquiétées moyennant certaines garanties formelles. On peut aussi se demander s'il ne serait pas question de porter atteinte à l'indépendance de la HALDE en la dissolvant dans un organisme plus vaste, plus vague et plus directement contrôlé par le gouvernement.

L'accent mis sur les discriminations ne doit pas se faire au détriment de la lutte contre les inégalités sociales ou territoriales. Or ces dernières se renforcent en France de manière inquiétante. La différence de revenus entre « riches » et « pauvres », pour le dire vite, s'accroît depuis 2002, et la proportion de personnes vivant sous le seuil de pauvreté augmente depuis cette même date, donc bien avant la récente crise économique. Les inégalités se construisent continûment dès la petite enfance, car l'aide des parents et celle de l'État ne sont pas les mêmes pour tous. Lutter contre la discrimination ne signifie nullement lutter contre les inégalités qui en forment le socle. À supposer que toute discrimination ait disparu, les inégalités sociales pourraient demeurer aussi criantes. Pour l'essentiel, les mesures de lutte contre la discrimination concernent en fait les catégories supérieures. Il s'agit de faciliter l'accès de représentants de groupes discriminés aux grandes écoles, à la haute administration, aux médias. Mais cela n'apporte aucune aide à l'ouvrier, à l'employé, à la caissière, dont la discrimination est patente quand on compare les taux de chômage des handicapés ou des immigrés à ceux de l'ensemble de la population. Car les populations discriminées se concentrent dans le bas de l'échelle sociale. Traiter la discrimination à ce niveau contribuerait certes à lutter contre les inégalités, mais il n'en est guère question dans les déclarations du commissaire Yazid Sabeg, qui se préoccupe davantage de l'élite.

Si l'on prenait au sérieux les déclarations de lutte contre la discrimination qui auréolent la création, la lettre de mission du commissariat de Yazid Sabeg et du COMEDD, on pourrait penser que l'État a déjà tout fait pour que la discrimination recule. C'est loin d'être le cas. Deux ans après son adoption, on attend toujours les décrets d'application du CV anonyme. L'État maintient un nombre considérable d'emplois fermés aux étrangers, malgré les critiques de la Commission de Bruxelles. Les procès pour cause de discrimination traînent dans les arcanes des tribunaux.

Pour excuser ces retards et ces négligences, les partisans des statistiques ethniques avancent le fait que la France ne dispose pas de comptage ethnique, d'identification des membres des minorités et donc d'études précises sur la discrimination. Ils mettent constamment en avant l'exemple de pays étrangers comme la Grande-Bretagne, les États-Unis ou encore le Canada. L'herbe est toujours plus verte dans le champ du voisin. En réalité, l'expérience anglaise poursuit une politique de reconnaissance de communautés initiée de longue date, dont les résultats sont si peu probants qu'elle est en cours de révision. La dernière enquête Eurobaromètre sur la discrimination menée en juin 2008 dans les 27 pays d'Europe montre que la proportion d'Anglais déclarant avoir été victimes ou témoins de discriminations au cours des 12 derniers mois est supérieure à celle de Français dans le même cas. Quant aux États-Unis, la création des catégories d'Indiens d'Amérique et de Noirs n'a pas été décidée pour la bonne cause, mais pour parquer lesdits Indiens dans des réserves et pour interdire aux Noirs de voyager dans les wagons ou les bus des Blancs. Une fois installées, ces catégories sont restées en usage et ont peut-être contribué à réparer l'ampleur du mal sans lequel elles n'auraient pas vu le jour. Dans un très beau discours, prononcé le jour de la première réunion de la CARSED (mais il l'ignorait peut-être), Nelson Mandela a exhorté les Sud-Africains à former une société unie dans laquelle toute mention raciale serait abolie. Car si l'on cite souvent la Grande-Bretagne et l'Amérique du Nord, on omet de parler de l'Afrique du Sud, du Rwanda, de la Russie, ou encore de la Yougoslavie-États qui ont en commun d'avoir pratiqué la statistique dite ethnique.

Un leurre scientifique

La question du racisme, celle des inégalités et celle de la discrimination sont toutes importantes en termes de recherches, mais elles ne peuvent pas être confondues. L'étude des inégalités impose de recourir à des enquêtes sur des échantillons de taille importante car elles doivent sonder un grand nombre de sources d'inégalité, comprendre les interactions entre ces sources et reconstruire les processus qui conduisent aux différences constatées *in fine*. Ces études peuvent utiliser des approches quantitatives, mais aussi des approches qualitatives qui viennent approfondir et affiner les résultats chiffrés. L'étude des discriminations se concentre sur deux aspects – les processus qualitatifs qui conduisent à l'acte de discrimination et l'ampleur des discriminations, c'est-à-dire la sous-représentation des groupes discriminés dans l'entreprise ou l'administration considérée, souvent improprement qualifiée de discrimination « indirecte ». L'étude du racisme fait appel à des procédures plus souvent qualitatives car il s'agit essentiellement de comprendre les représentations que les individus se font des autres en fonction de critères sommaires. Les trois phénomènes interfèrent. Dans certaines discriminations, une composante raciste est présente ; dans la plupart, l'influence des inégalités est déterminante.

Or, sur ces difficultés d'analyse et sur ces subtilités d'interprétation, le mot de diversité jette un voile d'ignorance. Comme l'ont reconnu de nombreux scientifiques et des rapports officiels (par exemple celui, récent, de Michel Wieviorka sur la diversité dans l'enseignement supérieur), il ne signifie rien de précis. Il mélange les trois champs d'étude précédents et sert de substitut au terme d'ethnicité ou de caractère ethno-racial, réintroduisant dans la discrimination une dominante de type racial (même si à la suite de la nouvelle droite, il est souvent pudiquement qualifié de culturel). La confusion ne se limite pas à l'emploi du terme de diversité. Chez les quelques chercheurs présents dans le COMEDD, elle s'étend aux techniques de recherche préconisées, particulièrement celle qui se réfère au « ressenti d'appartenance ». Par ce terme, les défenseurs des statistiques ethniques affirment que la personne interrogée énoncera directement et précisément son ou ses appartenances. Le ressenti n'est *a priori* susceptible d'aucune mesure. Quant à l'appartenance, c'est l'un des mots les plus vagues que l'on puisse imaginer. Présenter l'énoncé d'une « appartenance » comme une avancée scientifique frise l'escroquerie si l'on ne précise pas les champs d'appartenance et les contextes dans lesquels le « sentiment » d'appartenance à telle ou telle collectivité concrète, imaginaire ou symbolique, se trouve ou non mobilisé.

De tels faux-fuyants sont d'autant plus regrettables qu'il existe déjà de nombreuses sources statistiques fiables fondées sur des mesures sérieuses qui permettent d'approcher les mécanismes de la discrimination. On peut citer l'échantillon permanent de l'INSEE dans lequel l'état civil de 1 % de la population française est suivi pour ses actes d'état civil, de nombreuses enquêtes où le lieu de naissance et la nationalité des parents sont recueillis ou bien qui utilisent des classements selon le prénom, la zone de résidence, le patronyme. Des enquêtes du ministère de l'Éducation, les enquêtes emploi de l'INSEE peuvent et ont été utilisées aussi dans ce sens.

Il est illusoire de penser pouvoir décrire la discrimination avec un seul chiffre. Aucun instrument de mesure ni aucun outil statistique ne pourra quantifier précisément l'ampleur de ce phénomène multiforme. Le chiffre prendrait un sens s'il définissait une action, c'est-à-dire une politique de discrimination positive fondée sur un quota, comme celui des 20 % d'élèves « issus de la diversité » que le dernier rapport de Yazid Sabeg préconise pour l'entrée à l'ÉNA au titre du troisième concours (Sabeg, 2009).

Au lieu de s'acharner ou de fantasmer sur la construction d'une mesure illusoire, il serait beaucoup plus utile et efficace de se concentrer sur l'étude des processus qui aboutissent à la discrimination en travaillant sur les cas constatés de discrimination, à la manière dont les criminologues travaillent sur les crimes. La notion de discrimination indirecte retrouverait alors son véritable sens, celui qu'utilisent les juristes : c'est un critère de sélection en apparence anodin mais en fait fortement lié à un sexe, un handicap ou une origine. Ainsi, après que les Noirs eurent obtenu le droit de vote dans les États sécessionnistes du sud des États-Unis, une taxe avait été instituée pour accéder à l'urne. En étaient dispensés ceux dont les parents avaient voté auparavant, ce qui éliminait les descendants d'esclaves, donc les Noirs. La règle du vote du parent constituait une discrimination indirecte.

Le danger des catégories ethniques

Le domaine du langage où les mots tendent le plus de pièges est celui des origines et des appartenances qui condensent en quelques clichés l'infinie variété des relations humaines de tout homme depuis sa naissance. Victor Klemperer, puis Léon Poliakov ont montré l'ineptie mais aussi les ravages du terme « aryen ». Ceux du mot « noir » sont en passe de l'égaler. Il n'existe pas d'universalité des caractères apparents, pas plus des « longs nez » que sont les Européens pour les Japonais que des « noirs » pour les Français. On ne naît pas noir, on le devient. Othello n'est pas noir chez Shakespeare ni le Maure du *Roland furieux* de l'Arioste (Foix, 2008). Ils le deviennent quand les explorateurs et le trafic des esclaves imposent une représentation réciproque de l'Europe, de l'Afrique et des Antilles. Le noir est l'aboutissement d'une histoire, non une qualité objective[1]. Le racisme préexiste à la race.

Or la mesure statistique de la « diversité », euphémisme derrière lequel se cache désormais l'intention de produire des statistiques de l'ethnicité, consiste à réifier et à

1. La formation d'un stéréotype résulte d'une double opération. Un trait est d'abord retenu – le cheveu blond, la peau foncée ou le nez busqué – puis toutes les variétés de ce trait sont unifiées : le noir va du brun clair à l'ébène, le bleu du gris pâle à l'ultramarin, le nez busqué du profil d'aigle à la patate.

naturaliser des représentations populaires ethnicisantes et racialisantes. Au lieu de s'interroger sur les conditions de leur apparition et de leur usage, les partisans de la statistique ethnique avancent le respect d'une « logique réelle » qui procéderait des mouvements sociaux. Quatre siècles après que Bacon a dénoncé les « idoles » du langage, c'est retomber dans l'illusion que les mots correspondent aux choses – et ce d'autant plus qu'ils émanent de cette essence mystérieuse qu'est l'âme populaire. Sous couvert de prendre en compte les termes par lesquels les individus enquêtés expriment leurs appartenances, pardon, leur « ressenti d'appartenance », les tenants de la statistique ethnique, pardon, de la « diversité », reprennent à leur compte scientifique ces mêmes termes qui justement fabriquent l'ethnicisation et la racialisation contre lesquelles ils prétendent lutter. Il faut se rendre à l'évidence : on ne peut pas développer une pensée non raciste de la race ni une pensée non ethnique de l'ethnie en les prenant pour des réalités ou des catégories objectives d'analyse.

Pour sauver leur erreur de méthode, les hérauts de l'identité ethnicisée avancent des catégories encore plus hasardeuses, telle la distinction entre communauté et minorité qui permet de laver de l'accusation de communautarisme les associations « noires ». La communauté serait de l'ordre de la substance, et la minorité de celui de la circonstance. Or considérer qu'on appartient à telle ou telle minorité consiste exactement à substantialiser ces dernières. La distinction entre des « minorités objectives », par exemple bien sûr les Noirs, et des « minorités subjectives », par exemple les juifs, est tout aussi fallacieuse en ce qu'elle se fonde sur une réification de la première des deux. Toute minorité est construite, comme l'ont montré depuis longtemps les études sur le genre. Il est d'ailleurs comique de voir les avocats de la parole commune et populaire se contorsionner ensuite dans des distinctions byzantines pour sauver leur position intenable. Question minorité, le pompon revient à la « minorité visible », terme aussi hypocrite que celui de « statistique de la diversité » par lequel on tente d'englober dans une vague généralité la catégorie que l'on cherche à instituer.

Aux obstacles épistémologiques à une statistique ethno-raciale s'ajoutent des obstacles techniques insurmontables. Pour répartir les individus d'une population par catégorie, il faut être capable non seulement de nommer ces catégories, mais aussi de définir les critères qui permettront de leur affecter les individus. Une classification internationale des catégories ethniques ou ethno-raciales n'existe pas. La situation n'est (heureusement) pas comparable à celle des espèces dans la nature, des éléments du tableau de Mendeleïev, de l'âge ou du sexe. Les classifications existantes sont donc toutes différentes. Elles reflètent le passé, souvent colonial, et des ascendances, souvent imaginaires. Il y a des Croates et des Serbes, mais aussi des Tutsis et des Hutus, et même des « Égyptiens » dans les recensements de l'ancienne Yougoslavie. Plus on désire cerner ce qu'on pense être une réalité ethnique, plus les catégories se dérobent et se multiplient. De 1989 à 2002, le nombre de catégories ethniques en Russie est ainsi passé de 128 à 192. La même inflation avait été observée dans les Antilles alors qu'on cherchait à qualifier la couleur de la peau. Tôt ou tard, pour résister à l'inflation, un système ethnique s'appuie sur une conception rigide de l'ascendance (règle d'un seul ascendant noir pour être noir aux États-Unis, règle d'un grand-parent juif pour être juif dans le protocole de Wannsee). À supposer qu'une classification ethnique ait recueilli le consensus ou qu'elle ait reçu une définition légale, il faudrait ensuite répartir la population entre ses catégories selon leur « ressenti d'appartenance ». Quelles consignes seront données aux codeurs mis en face de la diversité (le mot a ici son sens véritable) des « ressentis d'appartenance » exprimés par les personnes interrogées librement ? Si l'on se réfère au cas de l'enquête MGIS effectuée par l'INSEE et l'INED en 1995-1996, les catégories ethniques construites après l'enquête étaient si loufoques qu'elles n'ont heureusement pas été reprises dans d'autres travaux, mais elles n'ont jamais été critiquées par les deux organismes responsables[1].

Le plus grave dans la classification ethnique réside cependant dans ses conséquences à long terme. En développant une vision de la société durablement fragmentée selon les critères d'origine, donc figés, elle aboutit à terme à la fragmentation et à la concurrence entre « communautés » avec chacune ses *lobbies*, ses victimes, ses exclusions, son entre-soi, sa solidarité limitée aux membres du groupe alors que l'État républicain a la mission de l'assurer pour tous. Les Russes, les Sud-Africains, les Rwandais font tous le même constat : une fois entré dans la classification ethnique, il est très difficile d'en sortir. Le bureau du recensement des États-Unis l'a tenté en autorisant les appartenances multiples lors du dernier recensement, mais 10 millions d'Américains seulement sur 300 millions ont coché plus de deux appartenances sur les 5 possibles.

Une politique raisonnable

Les débats et les auditions menées par la CARSED ont conduit à proposer des mesures de lutte contre les discriminations. On peut les répartir en trois catégories, celles qui concernent l'action directe contre les discriminations pour lesquelles la HALDE joue un rôle important, celles

1. Voir Hervé Le Bras, l'Aube (1998).

qui concernent le lancement d'enquêtes et l'usage des statistiques, domaine où le conseil national de l'information statistique, le CNIS, donne son avis, et enfin la protection de la vie privée, qui relève assez largement de la Commission nationale informatique et liberté, la CNIL.

– Du côté de l'action, un renforcement des pouvoirs de la HALDE et de son périmètre d'intervention est souhaitable d'autant plus qu'après une période de rodage, l'institution a trouvé ses marques. La HALDE devrait pouvoir, par exemple, mener des opérations de *testing* à assez grande échelle, aussi bien pour les embauches que pour l'accès aux biens et services (attribution, location du logement, entrée dans les bars, boîtes de nuit, etc.) ainsi que pour les contrôles policiers dont plusieurs travaux en cours (enquêtes de Fabien Jobard) montrent le caractère sélectif, « au faciès et au *look* ». On devrait avoir le droit de paraître jeune, de s'habiller à la manière des banlieues et de présenter un physique perçu par certains policiers comme africain ou asiatique sans risquer pour cela un contrôle policier.

– Les procédures actuelles de lutte contre la discrimination sont adaptées à de grandes entreprises. Il est en effet difficile de prouver la discrimination au moyen de ses conséquences (faible présence des catégories habituellement discriminées) dans de petites entreprises où les fluctuations du hasard sont importantes. Une PME de dix personnes ne peut pas recruter son personnel en respectant la proportion nationale de handicapés, d'immigrés, d'Antillais, de femmes, de seniors, etc. Au lieu de comparaisons standardisées qui peinent à définir un univers statistique de référence, des méthodes empiriques simples et astucieuses relevant de l'ethnographie et des comparaisons entre lieux, entre entreprises, et entre procédures devraient être encouragées, notamment en aidant les associations actives dans ce domaine.

– Il subsiste un large pan de discriminations légales à l'emploi, soit directes (condition de nationalité), soit indirectes (âge limite pour des concours scolaires ou administratifs) dans le secteur public. Non seulement les administrations emploient moins d'étrangers, mais aussi moins de naturalisés et d'enfants d'immigrés que les entreprises (en 2002, 27,2 % des non-immigrés étaient salariés du public, contre 11,9 % des immigrés[1]).

– Il est important que les acteurs soient encouragés ou aidés par l'État à agir sur les procédures capables de créer des discriminations directes ou indirectes, par exemple en exigeant le CV anonyme, et plus généralement en limitant les marges d'appréciation discrétionnaires. Les critères de choix à l'embauche doivent être précisés, et les documents conservés, de manière à pouvoir mener des études rétrospectives. La HALDE devrait être saisie *a priori* pour préciser ces procédures, autant que pour définir la légitimité des critères présentés. Elle pourrait aussi avoir le pouvoir de réclamer l'ensemble des CV reçus et retenus lors de procédures de recrutement.

– La vigilance reste de mise au sujet du label diversité. Tant qu'il permet aux employeurs et à la direction des ressources humaines de dialoguer avec les syndicats et le personnel, il œuvre utilement. S'il s'agit de distribuer un label qui aide à écarter les poursuites ou à procurer une présomption d'innocence en cas de plainte pour discrimination, le label diversité est à proscrire. On touche là à une préoccupation importante des entreprises qui s'est manifestée par la nomination de Yazid Sabeg, lui-même patron d'une grosse entreprise, et par celle des nombreux représentants du patronat dans le COMEDD. Si les chefs d'entreprises peuvent légitimement réclamer des outils leur

1. Selon l'enquête Emploi de l'INSEE en 2002.

permettant d'apprécier que leur entreprise ne met pas en œuvre des procédures de recrutement et d'avancement qui discriminent, il ne faut pas en revanche que ces labels ne soient que des moyens détournés pour masquer de telles discriminations.

– En ce qui concerne la recherche sur les discriminations, deux constats s'imposent à la suite des auditions de la CARSED : d'abord, elle ne constitue pas un préalable à l'action. Alors que le gouvernement traîne des pieds pour les décrets d'application du CV anonyme et qu'il laisse les procès en discrimination s'enliser, il faut empêcher qu'il utilise l'argument d'une connaissance insuffisante de la discrimination pour différer encore son action. En second lieu, la statistique publique ne doit pas porter le poids de la définition de catégories discriminées ni de la validation d'enquêtes sur le sujet. Elle est un opérateur, non un décideur ni un prescripteur.

– Cela dit beaucoup reste à faire. Deux grandes opérations pourraient être programmées : la première consisterait en une enquête d'ensemble sur les inégalités, répétée à intervalles réguliers comme les enquêtes de l'INSEE sur l'emploi, la famille ou la formation et la qualification, l'échantillon démographique permanent, avec un gros échantillon de telle sorte que l'on puisse comparer les parcours de personnes ayant de nombreuses caractéristiques en commun pour mieux comprendre l'effet des différences qui subsistent. Cela donnerait une approximation du « toutes choses égales par ailleurs », central dans les questions de discrimination mais impossible à atteindre en pratique. La seconde opération pourrait être co-organisée par l'INSEE et l'ANR, l'Agence nationale de la recherche, qui distribue maintenant une partie importante des crédits de recherche. Un grand programme, doté d'au moins 10 millions d'euros, organisé conjointement par les deux institutions, permettrait d'ouvrir la statistique publique plus largement aux chercheurs, comme cela se fait à l'étranger du fait de l'initiative publique ou des fondations privées, et de financer des recherches qui bénéficieraient de l'infrastructure et de la garantie de qualité de l'Insee. Comme il est d'usage lors de tels programmes, plusieurs équipes, pluridisciplinaires, seraient retenues. Cependant, une partie des projets de recherche retenus ne partiraient pas des enquêtes de l'Insee, mais seraient plus légères et innovantes, et porteraient sur de petits échantillons, souvent monographiques, dont l'objectif serait la mise en évidence des processus qui mènent à la discrimination à partir d'inégalités des candidats à l'emploi, tournées en discrimination indirecte ou de représentations ethnicisantes – voire racistes – des recruteurs.

– L'une des conditions du succès des recherches sur la discrimination est de ne pas se focaliser sur un type donné de discrimination mais de les aborder toutes dans leur diversité de nature, de définition et d'observation. Rien ne serait plus faux que de croire que toutes se ressemblent et que d'ignorer les effets de la discrimination multiple où les causes de discrimination en se conjuguant amènent à franchir un seuil critique.

– Enfin, il faut cesser d'opposer respect de la vie privée et enquête statistique. Le respect de la vie privée est un impératif. Après une large consultation en 2007, la Cnil a émis des préconisations qu'il serait judicieux de mettre enfin en œuvre. Parmi elles figure le refus du recours à des critères non objectifs dans les statistiques de la diversité mais l'acceptation des questions sur les discriminations ressenties.

Au niveau des embauches, aucune information privée qui ne soit pas explicitement nécessaire à un recrutement ne doit être collectée. Il faut faire la chasse aux informations inutiles, mais potentiellement discriminantes, qui abondent dans les questionnaires et CV demandés lors des recrutements. Comme on l'a vu, un autre moyen de limiter leur nuisance est d'exiger que les informations demandées et collectées soient conservées de manière à être analysées ultérieurement par des tiers.

– L'utilisation d'enquêtes et de statistiques déjà collectées qui seraient répétées à l'avenir est aussi à encourager pour éviter que de nouvelles opérations croient trouver une panacée en pénétrant plus avant dans l'intimité des personnes. La généralisation d'enquêtes longitudinales comparables à l'échantillon démographique permanent (et dans une moindre mesure à l'enquête emploi dont un tiers des répondants est renouvelé à chaque passage) doit être encouragée. Plusieurs chapitres de ce rapport montreront la richesse des informations actuellement disponibles pour les recherches sur les discriminations.

– Les moyens d'accroître les connaissances sur les discriminations et d'agir pour les réduire ne manquent pas. Beaucoup sont à portée de main, mais il manque une volonté gouvernementale pour les saisir et les développer. Au contraire, en facilitant la formation de communautés ethniques, culturelles, raciales, religieuses, en encourageant la prise en compte de ces appartenances, le gouvernement ne fait pas simplement diversion pour masquer les inégalités sociales croissantes : il concourt à la division de la France.

Veut-on une République communautariste ?
Élisabeth Badinter

À l'heure où deux des chefs d'État les plus charismatiques et respectés du monde, Nelson Mandela et Barack Obama, appellent, chacun à sa façon, leur pays à construire « une société unie et non raciale »[1], en France on trouve très malin de partir dans la direction inverse. En effet, interroger nos concitoyens sur leur sentiment d'appartenance et de discrimination revient très simplement à renforcer le communautarisme, voire l'individualisme, si l'on admet que nos particularismes peuvent être égrenés à l'infini. Si l'on considère, comme F. Héran, directeur de l'Ined, qu'il faut savoir « combien de filles d'Algériens – françaises évidemment – travaillent dans la fonction publique et à quels postes » pour comparer leur sort à celui des garçons[2], il est clair que l'on ne saurait faire moins pour les filles et garçons de tout autre origine. Mais au nom de quoi postule-t-on qu'une Française de parents algériens veuille se définir par la spécificité de son origine ? Au contraire, à écouter ces jeunes filles, on a tout lieu de croire qu'elles n'attendent qu'une chose : être regardée et traitée comme une Française à part entière.

Les conséquences psychologiques et politiques de tels comptages sont ravageuses. Bien que les « compteurs » s'en

1. *Le Monde*, 21 avril 2009.
2. *Le Figaro*, 18-19 avril 2009.

défendent avec force, comment ne pas voir qu'on enferme une personne par définition complexe dans une identité figée et réductrice ? La fille d'Algériens peut très bien s'appréhender comme telle à l'occasion d'un propos déplaisant sur son lieu de travail, et se sentir le jour d'après plus française qu'une Bourguignonne séculaire lors d'un conflit avec ses parents concernant certaines de leurs traditions. Mais elle peut également préférer se définir par son activité professionnelle, sa situation familiale ou sa condition de lesbienne par exemple plutôt que d'être constamment désignée par la résidence et la culture d'origine de ses pères ou les nuances colorées de sa peau. Le risque d'un tel étiquetage, fut-il issu du « ressenti », est de s'y laisser enfermer mentalement, de se réduire soi-même à cette spécificité et de ne plus appréhender les autres qu'en fonction de cette différence. Le ghetto intérieur est appauvrissant. Au mieux, source d'indifférence aux autres ghettos au pire, source de conflits. Pourtant, l'expérience prouve que l'on peut finir par trouver réconfortant et valorisant de « s'installer » dans sa différence et de la revendiquer. Surtout si l'on vous propose d'en tirer avantage. Adieu l'égalité, vive la parité ! Le précédent de la parité est riche d'enseignements pour ceux qui sont ou se sentent discriminés. Actions positives ou quotas pour mettre fin à une injustice et recréer de l'égalité, qui peut s'en offusquer ? Au contraire, pensent certains, pourquoi ne pas étendre ce nouveau principe à tous ceux qui se disent victimes d'une discrimination ? Les femmes ont bien obtenu que l'on inscrive la différence sexuelle dans la constitution pourquoi ne pas y inscrire les autres différences : religieuses, physiques, de mœurs et même « raciales », puisque le nouveau concept de « diversité visible » n'est que le pauvre cache-sexe de celui de race implicitement revenu sur le devant de la scène après qu'on ait eu tant de mal à s'en débarrasser. On voit pourtant à quelles dérives fragmentaires pourrait mener un tel reniement de nos principes.

Il n'y a pas si longtemps, les féministes paritaires juraient leurs grands Dieux que l'exception qu'elles s'octroyaient ne pourrait en aucun cas s'appliquer à d'autres. Déclarant qu'elles n'étaient pas « une catégorie » parmi d'autres, mais qu'elles représentaient la moitié du genre humain, elles exigeaient à ce titre de bénéficier d'un statut exceptionnel. Cette rupture du Nous collectif et de la neutralité citoyenne au profit du sexe, opérée au nom d'un féminisme différencialiste, a ouvert la boîte de Pandore. Les associations « noires », et tout récemment les handicapés, en attendant que d'autres catégories de personnes se déclarent, se sont empressés de se faufiler dans la brèche. S'il ne s'agit que d'une affaire de justice, pourquoi pas des quotas de Noirs, de Maghrébins ou de handicapés – encore plus rares dans les assemblées et les conseils d'administration que les femmes ? À cette suggestion, on opposera qu'il existe des moyens de lutte contre les injustices qui ne contreviennent à aucun de nos principes fondamentaux et ne mettent en péril ni le Nous citoyen ni le lien social. Ces moyens sont ceux de l'éducation, de l'instruction, mais aussi des associations, telles la HALDE, Sos-racisme, la LICRA, le MRAP et d'autres qui ont pour mission de révéler les discriminations, d'en faire prendre conscience à la collectivité, souvent sourde et aveugle, et de les faire condamner par la justice.

Même si les *lobbies* communautaires jugent cette voie trop longue et trop lente et lui préfèrent, tout en s'en défendant, l'option des quotas, il faut sans cesse leur rappeler qu'il n'y en a point d'autres, à la fois justes et compatibles avec la paix sociale. En effet, aucune politique de discriminations positives ne met fin aux discriminations négatives, fût-ce aux États-Unis ou en Grande-Bretagne. Elle en crée d'autres, tout simplement. Ce faisant, elle suscite encore plus de ressentiments entre les uns et les autres.

En vérité, le combat contre les discriminations dont sont victimes nos concitoyens ne peut pas et ne doit pas se mener au nom de leurs différences, mais tout au contraire au nom de notre essentielle ressemblance, de notre commune humanité. Cette approche philosophique est incontournable si l'on veut se préserver de l'indifférence aux autres, de la fragmentation de la société et de la communauté nationale voire pire, des conflits inter-communautaires qui ne demandent qu'à éclater. Si par malheur, le pouvoir politique s'en remettait au point de vue communautariste qui tourne le dos à nos principes, notre Histoire et notre pacte social, il lui faudrait alors consulter le peuple par référendum.

L'ethnicisation des rapports sociaux en France. Réalité objective ou représentation « intéressée » du corps social ?

Jean-Loup Amselle

Il s'agira moins ici d'apporter une réponse ou une solution destinée à assurer la mesure des discriminations que d'offrir une analyse du processus d'ethnicisation de la France auquel on assiste actuellement. Trois points seront abordés : la conjoncture, le marché politique de l'ethnicisation et le marché institutionnel qui lui est lié.

La conjoncture

La conjoncture actuelle, marquée par l'élection de Nicolas Sarkozy à la présidence de la République le 6 mai 2007, se traduit par la montée en puissance des idées de race, d'ethnicité et de biologisation des rapports sociaux. Quelques exemples peuvent être apportés à l'appui de cette idée : la création du ministère de l'Identité nationale, de l'Immigration et du Codéveloppement ; l'affaire des tests ADN visant à prouver la filiation dans le cadre du regroupement familial, seule forme d'immigration légale ; la création avortée de l'Institut de recherches sur l'immigration et l'intégration, présidé par Hélène Carrère d'Encausse, académicienne qui s'est rendue tristement célèbre par ses déclarations ouvertement racistes au moment des émeutes de banlieue de novembre 2005 ; l'instauration de quotas d'immigrants ; la création des statistiques ethniques, création momentanément suspendue par le Conseil constitutionnel en novembre 2007 mais qui repart de plus belle avec la commission Sabeg-Héran (COMEDD) qui fait l'objet de notre attention.

Tous ces exemples attestent qu'il y a donc là, à l'œuvre, pour reprendre la terminologie de Michel Foucault, une extension du biopolitique et d'une politique de surveillance au sein de l'Hexagone. Mais ce qui est paradoxal, c'est que les deux volets de cette politique (biopouvoir et surveillance), qui traduisent la présence des idées de Jean-Marie Le Pen au sein du pouvoir, et qui tombent donc sous le coup de la critique foucaldienne, sont également confortés en un sens par la montée concomitante des idées postcoloniales, ces idées étant elles-mêmes issues en partie de la « *French Theory* », c'est-à-dire de la gauche déconstructrice heideggérienne.

En effet, c'est sur la base de la déconstruction des grands récits issus des Lumières, le récit républicain et le récit de la lutte des classes, qu'a pu se développer à gauche, ou au sein d'une partie de la gauche, un récit postmoderne et postcolonial de l'ethnicité, de la race, des minorités visibles, en un mot du « fragment »[1] axé sur la reconnaissance, dans un contexte multiculturel. On voit ainsi que les notions de culture, d'ethnicité et de multiculturalisme ont pour effet, au-delà de la reconnaissance de la ou des différence(s) – de la « diversité », comme on dit en France – de conforter, par une sorte d'effet boomerang, l'identité nationale « blanche »

1. La thématique du « fragment » a été particulièrement développée par M. HARDT, T. NEGRI & N. GUILHOT (2006). Voir également la notion d'« essentialisme stratégique » chez G. SPIVAK. Pour tout ceci, voir notre livre (AMSELLE, 2008).

catholique dominante, celle des « Français de souche », comme on dit au Front national, ou celle des « souchiens », comme on dit chez « les Indigènes de la République ».

On a pu d'ailleurs observer la convergence des idées de race, d'ethnicité et de biopolitique entre la droite, surtout la droite extrême – Brice Hortefeux – et la gauche multiculturelle et postcoloniale, lesquelles, toutes deux, et à partir de raisons opposées, ont été amenées à revendiquer le principe de race comme élément structurant de la société française.

Cette montée aux extrêmes du principe de race rend le combat antiraciste, lui-même disqualifié par Pierre-André Taguieff au début des années 1990, au nom de l'anti-antiracisme, extrêmement difficile à mener. En effet, la gauche s'est avancée en ordre dispersé face à la présence de membres des « minorités visibles » au sein du gouvernement (Rachida Dati, Fadela Amara, Rama Yade), présence qui s'est conjuguée avec une défense forcenée de l'identité française[1]. Le martèlement de l'identité française, du rôle positif de la colonisation, de la légitimité de la mémoire pied-noire et du contrôle de l'immigration se marie très bien avec la promotion des identités de couleur et de race, c'est-à-dire de celles qui ont réussi à passer entre les mailles du filet, qui sont « intégrées » et manifestent donc, avec éclat, la thématique de la diversité « paillettes ».

Si un certain front a pu se constituer contre la création de l'Institut de recherches sur l'immigration et l'intégration par exemple, celui-ci se fissure dès qu'il est question d'introduire des statistiques ethniques. D'un côté, on trouve les républicains (Sos-Racisme, MRAP, LICRA, LDH, dans une certaine mesure) qui militent en faveur d'un engage-

1. Voir, après la défaite des municipales de mars 2008, la visite à Toulon, de Sarkozy accompagné d'Hortefeux, en compagnie duquel il ne se montrait plus auparavant.

ment « républicain » contre les discriminations. Ces derniers considèrent, en effet, que la lutte est à mener prioritairement contre le racisme et contre ceux qui discriminent, et non par rapport à ceux qui sont discriminés. C'est pourquoi ils s'élèvent contre l'utilisation des statistiques ethniques dans les recensements et proposent comme méthode alternative de détection du racisme le *testing*, pratique qui consiste à envoyer des membres des minorités visibles à l'entrée des boîtes de nuit, par exemple, pour voir si ces personnes sont victimes d'un rejet. Mais cette méthode, faisant appel à la définition préalable de « minorités visibles », tombe du même coup sous les critiques des partisans des statistiques ethniques qui ne voient pas de différence entre la position des républicains et ce qu'eux-mêmes proposent[1].

Cependant, certains de ceux qui s'opposent aux statistiques ethniques font ou ont fait partie d'organismes militant pour la reconnaissance des minorités visibles (le CRAN, par exemple). D'un autre côté, il y a la gauche et l'extrême gauche multiculturelles et postcoloniales qui s'engagent ou se sont engagées en faveur des « statistiques de la diversité », seul moyen selon elles de combattre les discriminations ou qui estiment que la reconnaissance de l'ethnie et de la race est un facteur essentiel pour expliquer les émeutes des banlieues de novembre 2005. Certains des membres de cette gauche multiculturelle ont d'ailleurs apporté leur aide au gouvernement pour instaurer, par exemple, la « diversité » dans l'enseignement supérieur et, prolongeant leur action dans ce sens, ont rejoint la commission Sabeg-Héran. Il est d'ailleurs à noter que les députés du parti socialiste vien-

1. Sur un autre plan, les enquêtes selon les patronymes sont tout aussi critiquables : un juif français originaire d'Afrique du Nord et un musulman ressortissant d'un pays du Maghreb peuvent avoir le même patronyme.

nent de s'aligner sur cette politique de la diversité, et qu'ils préconisent désormais l'instauration de statistiques ethniques[1]. Mais, au sein de ce parti, il existe des voix divergentes, comme celle de Malek Boutih, entre autres. Enfin, le NPA (Nouveau parti anticapitaliste) s'est également prononcé en faveur de la discrimination positive.

La droite et le pouvoir sont également divisés sur la question des statistiques ethniques : Yazid Sabeg est bien entendu pour, mais Fadela Amara, Alain Juppé, Henri Guaino sont contre ; Jean-François Copé est « réticent », etc. Les positions de Louis Schweitzer et de Patrick Weil sont incertaines. La situation change d'ailleurs de jour en jour ; Patrick Gaubert, nommé par Sarkozy à la tête du HCI (Haut conseil à l'intégration) et président de la LICRA, vient, lui aussi, de créer une commission anti-statistiques ethniques (Coroller, 2009).

Doit-on en conclure que la race et l'ethnicité ont pris le commandement du combat politique et que ces principes ont fait exploser le clivage droite/gauche ? Oui et non.

En faveur du oui, on peut se demander si le « racial » n'est pas devenu un dérivatif, un cache-misère permettant d'évacuer le social, de transformer le quantitatif qui coûte cher (le pouvoir d'achat) en qualitatif qui ne coûte pas cher. À effectifs égaux, cela ne coûte rien en effet d'augmenter le nombre de policiers blacks ou beurs.

Ce combat en faveur de la reconnaissance de l'ethnicité et de la race est certainement un problème majeur de notre époque, en tout cas en France. C'est lui qui est au fondement de la politique d'ouverture de Sarkozy, en ce qu'il lui permet de dépasser, de faire véritablement exploser le clivage droite/gauche, même si celui-ci se reconstitue en certaines occasions, comme lors des municipales de 2008.

1. *Le Monde*, 20 février 2009.

En faveur du non, on peut estimer que la race, l'ethnicité sont des marqueurs, car ils permettent tous les positionnements politiques possibles. On peut suspecter par exemple que, parmi les membres de la majorité présidentielle, certains se soucient comme d'une guigne des statistiques ethniques, mais que leur opposition à ces statistiques est simplement une façon de marquer leur différence par rapport à Sarkozy. Lui-même ou ses proches n'ont d'ailleurs pas une position tranchée sur cette question ; mais s'agit-il vraiment de divergences d'idées ou simplement de stratégies alternatives (plusieurs fers au feu) visant un marché politique ?

Le marché politique de l'ethnicisation

Existe-t-il un marché de l'ethnicité, du particularisme, du fragment en France à l'heure actuelle ? Ne s'agit-il pas de fragmenter le corps national ou de tenir compte de sa fragmentation, de la faire exister sur le mode de la performativité ou de la prophétie auto-réalisatrice ? Car le problème qu'ont à affronter les gouvernants est celui de la multiplication des revendications identitaires contradictoires dans un contexte de globalisation et d'existence de « diasporas » (droit d'Israël à exister, droit des Palestiniens à avoir un État, droit des Turcs à entrer dans l'Europe, droit des Arméniens à la reconnaissance de « leur » génocide, etc.).

La fragmentation, la croyance en la fragmentation ou bien encore la mise en scène de la fragmentation permettent de *surfer* sur les attentes du corps social hexagonal, en conjoignant les aspirations des différents électorats qui le composent ou en lesquels on les divise. Électorat « blanc », catholique, juif, électorat « noir », maghrébin, issu de l'immigration, rapatrié-pied noir, etc. Diviser pour régner sur l'électorat et opérer une nouvelle découpe du corps social pour en faire un corps politique manipulable est donc la fonction première de ce débat sur les statistiques ethniques, de sorte que, précisément, il ne faut pas se tromper de débat ou de combat. La question consiste moins à débattre sur la pertinence des statistiques ethniques pour mesurer les discriminations – et ceci quelle que soit la façon dont on définit ces discriminations – que sur la place que ce débat occupe sur la scène politique hexagonale, y compris à gauche et à l'extrême gauche. Ce débat ne constitue-t-il pas, d'un bout à l'autre de l'espace politique, une stratégie de positionnement ? Ne s'agit-il pas d'une offre politique, en termes de « diversité », qu'on peut appeler « paillettes » et qui repose moins sur des convictions « multiculturelles » ou « républicaines » que sur la volonté d'occuper, de disputer l'espace politique, y compris au sein de son propre camp ?

De ce point de vue, certaines notions comme celles de « statistiques ethniques », de « diversité » ou de « discriminations » sont davantage des slogans, des enjeux ou des marqueurs destinés à un marché politique que l'objet d'un débat de fond.

Le marché institutionnel de l'ethnicisation

On peut sans doute faire le même type de raisonnement à propos des organismes de recherche (Ined, Insee, etc.), et des instituts de sondage d'opinion. Pour ces organismes, la question des statistiques ethniques, de mesure de la diversité, des discriminations est centrale en matière de financement. en France, ce type d'enquête représente, à l'heure actuelle, un nouveau marché financier, institutionnel très prometteur pour des instituts situés à la frontière de la recherche et du fonctionnement direct de l'appareil d'État (il est toutes choses égales l'équivalent du « *marketing* ethnique » pour les entreprises). Non pas que le Cnrs, l'Ehess, l'Université, voire l'IRD soient des organismes libres de toute attache avec l'État ; mais ils sont moins directement opérationnels, quoiqu'en disent les chercheurs appartenant aux organismes les plus engagés dans la traque de l'ethnicité. Là encore, au sein d'organismes statistiques comme l'INSEE ou démographiques comme l'INED, la pratique de l'enquête « ethnique » peut aller de pair avec un positionnement « de gauche », voire d'« extrême gauche », puisque ces enquêtes se font au nom de la lutte contre les discriminations et les poches de handicap, et donc contre l'universalisme républicain coupable de recouvrir les différences d'un « voile d'ignorance » (Rawls) (Simon, 2007). Et l'on voit donc s'opérer un transfert du regard de la question sociale vers la question raciale ou ethnique au nom de la reconnaissance de la diversité et des discriminations, lesquelles expliqueraient par exemple les émeutes de novembre 2005 (Fassin & Fassin, 2006 ; Castel, 2007).

Dans cette perspective, le fait que la ou les classe(s) sociale(s) céderai(en)t la place à la ou les race(s), l'ethnicisation des rapports sociaux deviendrait une caractéristique objective de ces mêmes rapports sociaux. La gauche marxiste et/ou républicaine, incapable de rendre compte de ces nouveaux rapports sociaux de races, aurait ainsi offert un boulevard aux positions postcoloniales. Au contraire, dans la perspective qui est proposée ici, l'ethnicisation des rapports sociaux est l'effet du retournement du stigmate opéré par certains acteurs sociaux à partir de catégories coloniales, comme celles de « noir », d'« Afrique noire », de « nègre » ou de « négritude » en particulier, et de l'enregistrement performatif par l'appareil d'État de la diversité sous forme de statistiques ethniques et la création subséquente d'entailles verticales au sein du corps social. Dans la discussion actuelle, la question s'est en effet déplacée des statistiques ethniques au « ressenti »[1]. Qu'enregistre-t-on lorsqu'on prétend s'en tenir au « ressenti » des sondés, arme ultime des partisans de la « mesure de la diversité » ? Ce terme, récent et particulièrement flou, vient de la psychologie du travail et de la météorologie. Il s'agit en fait des représentations, des catégories, des stéréotypes ethniques, raciaux présents dans l'air du temps et possédant donc une existence collective, autonome, indépendante de la volonté des acteurs. Ce sont ces stéréotypes que les acteurs sociaux se réapproprient sur une base individuelle[2]. Mesurer la diversité, ce n'est donc pas seulement l'enregistrer, c'est aussi la faire advenir, la créer[3]. Identifier les personnes discriminées, c'est bel et bien créer des identités. Chaque terme utilisé (Noir, juif, Maghrébin, Tsigane, etc.) a en effet une histoire : il est apparu à telle époque, dans telles circonstances, et a été ensuite remplacé par tel autre dans d'autres circonstances. Chaque terme est donc l'effet d'une lutte entre ceux qui nomment, qui assignent une identité, un label, et ceux qui sont nommés, assignés à résidence identitaire de telle ou telle manière, ou qui refusent de l'être.

1. Voir l'interview de François Héran, *Le Monde*, 5 mars 2009.

2. On pourrait décrire ce schéma de réappropriation de la manière suivante : le départ est fourni par les « stigmates » coloniaux (mais pas seulement), racistes (les stéréotypes concernant les juifs et les Tsiganes ne sont pas coloniaux), ou plus généralement ceux qui résultent d'un enjeu entre ceux qui assignent et ceux qui sont assignés. On passe dans un deuxième stade au fameux « ressenti » résultant du retournement de ces stigmates et de leur réappropriation par des sujets individuels (ou bien encore de la transformation de signifiants globaux en signifiés particularistes), pour enfin parvenir à la troisième étape, celle qui est véritablement visée, à savoir l'établissement d'un référentiel ou d'un « nuancier » servant à la confection de questionnaires et de statistiques ethniques.

3. Contrairement à ce qu'affirme Patrick Simon dans *Le Monde* du 3 avril 2009.

Il résulte de ce qui précède que, premièrement, on ne peut pas définir *a priori* l'identité d'un individu par sa mono – ou même sa multi-origine et que, deuxièmement, l'identité choisie (le « ressenti ») ne résulte pas d'une libre détermination mais de l'appropriation de catégories déjà là qui charrient tout une histoire – et donc tout une série de présupposés.

On comprend que le problème des statistiques ethniques ou de la mesure de la diversité est tout autant une affaire de philosophie du langage (Austin) ou d'analyse conversationnelle (Gumperz) que de démographie, de sociologie ou d'anthropologie.

Vous avez dit « ethniques » ?
Ou de la nécessité d'examiner le terme d'un peu près

Jean-Pierre Dozon

Quand bien même nombre de ceux qui en sont partisans répugnent maintenant à utiliser la formule de « statistiques ethniques », lui préférant par exemple celle plus euphémisée ou davantage « bien-disante » de « statistiques de la diversité », on ne cesse de l'entendre prononcer dans l'espace public et médiatique, comme si elle était déjà marquée à soi seule du sceau de la performativité langagière.

Puisqu'il en est ainsi, il est donc tout à fait important de s'intéresser au second terme de la formule – qui est d'ailleurs déjà abondamment utilisé sur le marché de l'habillement ou des loisirs, quand il ne réfère pas à des sujets plus graves, mais tout à fait dans l'air du temps humanitaire – concernant la sauvegarde de populations « primitives » menacées de disparition. Et je m'y intéresserai donc précisément en tant qu'ethnologue, c'est-à-dire comme participant d'une discipline qui, longtemps, a fait de l'ethnique ou de l'ethnie son objet ou son cadre d'analyse le plus évident qui soit. Mais dire de l'ethnologie qu'elle était au premier chef une science de l'ethnie signifiait qu'elle était aussi, avant tout, une science du lointain, de l'exotique, du « divers » (comme Victor Segalen définissait justement l'exotisme). En d'autres termes l'ethnie a été le prisme obligé au travers duquel les autres, les non-Occidentaux, se présentaient et devaient être étudiés, répétant en quelque sorte le geste ancien des Hellènes qui différenciaient les ressortissants de la *polis*, eux-mêmes, et les gens, souvent barbares ou métèques, de l'*ethno*s.

Science de l'ethnie, l'ethnologie, particulièrement de l'Afrique subsaharienne, le fut pratiquement sous la forme de ce qui fut appelé dans son jargon la monographie ethnique. Qui voulait entrer ou faire carrière dans la profession devait faire une monographie ethnique, laquelle pouvait parfois remplir tout une vie professionnelle. De grands noms de la discipline se sont rendus célèbres par leur remarquable monographie ethnique, comme celle d'Edward Evan Evans-Pritchard, consacrée aux Nuer du Soudan, ou encore les études de Marcel Griaule, plus orientées sur la mythologie ou la production sculpturale qui firent des Dogons du Mali une ethnie africaine durablement attractive non seulement pour la discipline, mais aussi pour un certain tourisme culturel occidental.

On eut ainsi longtemps un jeu de miroir entre ethnies et ethnologues qui confortait l'idée que l'Afrique subsaharienne était fondamentalement une mosaïque ethnique, avec ce présupposé que les groupes ethniques formaient nécessairement des groupes homogènes, tant du point de vue de la langue, des institutions sociales ou des visions du monde.

Cependant, et quoique l'accumulation des monographies ethniques ait alimenté l'anthropologie sociale et culturelle, c'est-à-dire des exercices de comparaison, de constructions théoriques ou d'établissements d'invariants, la discipline, par certains de ses auteurs[1], a entrepris depuis déjà pas mal

1. Voir notamment le texte, désormais classique, de F. Barth (1969), paru en français dans l'ouvrage de P. Poutignat & J. Streiff-Fenard (1995).

de temps, et surtout au sein du monde africaniste (Amselle & M'Bokolo, 1985), une critique de l'ethnie, c'est-à-dire de ce qui avait été son objet non questionné ou conçu comme quasi naturel.

Cette critique a été menée sur deux fronts. Le premier a consisté à mettre en cause la vision de l'Afrique comme mosaïque ethnique, quand bien même s'agissait-il au premier chef de l'Afrique traditionnelle ou précoloniale. Dès lors en effet que la discipline est devenue une discipline historique ou s'est appuyée sur les travaux des historiens, ladite Afrique s'est révélée autrement plus complexe que ce que laissait transparaître cette image d'ethnies immémorialement attachées à tel nom et à tel territoire. Si, avant les colonisations européennes il y avait bien des identités ou des identifications collectives, celles-ci étaient en réalité l'objet de changements ou de métamorphoses qui étaient elles-mêmes liées aux évolutions de vastes espaces d'interrelations, en forme parfois d'économies-monde, au sein desquelles les identités ou les identifications prenaient corps, notamment aux évolutions des nombreuses formations étatiques (royaumes, empires) qui constituaient de véritables pôles d'attraction ou de dissémination. Du même coup, la discipline, révisant ses présupposés de départ et devenant en quelque sorte un peu plus pointue, s'est intéressée à tous les domaines (langues, institutions, visions du monde) qui révélaient qu'au sein d'une même ethnie il y avait (aussi) de l'hétérogénéité, laquelle résultait précisément d'histoires et de transformations particulières.

Prolongeant le premier, le second front de la critique a fait de l'Afrique comme mosaïque ethnique l'exemple même d'un faux archaïsme, en montrant que cette image était largement contemporaine des colonisations européennes. En effet, les États coloniaux qui se sont constitués à la fin du XIXe siècle, dont résulteront quelques décennies plus tard les actuels États africains, ont été des États ethnographes. L'une de leur toute première technique de gouvernementalité, pour reprendre un concept de Michel Foucault, a été d'identifier les populations colonisées, les « races » comme on disait très banalement à l'époque (qu'on appellera peu après précisément ethnies), de façon à ce qu'à chacune correspondent un ethnonyme et un territoire. Ce fut là un acte administratif et politique (légué à l'ethnologie qui, en ce sens, est fille du colonialisme) qui a comporté beaucoup d'arbitraire par rapport aux réalités locales ou des configurations socio-politiques antérieures, et dont beaucoup de responsables coloniaux ont été parfaitement conscients. Mais ce fut là un acte qui consista, non pas seulement à identifier, mais également à évaluer et à hiérarchiser. Car le rapport colonial fut pensé par ses promoteurs comme un rapport de domination qui allait de supérieur à inférieur. Il y avait « nous » et il y avait « eux » dans toute leur diversité que les premiers évaluaient en fonction de leur plus ou moins grande aptitude à être civilisés et qui, de ce fait, pouvaient être plus ou moins valorisés ou stigmatisés.

Pour me contenter du cas français (mais qui fut imposant puisque ce fut le plus vaste empire colonial en Afrique), je dirais volontiers que l'identification ethnique a participé de l'expérience coloniale de la République. Il s'est agi, en l'occurrence, de la IIIe République, qui a établi dans ses colonies un véritable État d'exception sous la forme du régime de l'indigénat, c'est-à-dire d'un régime qui assignait à ses sujets essentiellement des devoirs et qui ne leur accordait presque aucun droit. De sorte que l'ethnique ou l'*ethnos*, c'était la figure même de l'indigène, c'est-à-dire de celui qui, comme au temps de la cité antique *(polis)*, était en relégation ou en dehors de la cité républicaine.

Mais à quoi il faut immédiatement ajouter que cette technique de gouvernementalité, cette ethnicisation ou cette racialisation, a été généralement tout à fait performante. Les ethnies ont pris corps en même temps que s'accomplissaient les « mises en valeur » coloniales et que se construisaient donc les futurs États africains. Comme se sont souvent cristallisés les évaluations et les stéréotypes appliqués aux unes et aux autres, à la mesure de modes de développement qui ont été presque toujours très inégaux à l'intérieur des territoires coloniaux. Autrement dit, ce qui s'y est façonné en termes d'inégalités régionales s'est traduit ou conforté en termes d'inégalités ethniques, ou encore en termes d'ethnies centrales et d'ethnies périphériques.

C'est pourquoi la plupart des problèmes ou des conflits ethniques que connaissent nombre de pays africains résultent des histoires et des gouvernementalités coloniales – et non d'un ethnicisme ou d'un tribalisme qui serait consubstantiel à l'Afrique –, mais qui ont été fréquemment prolongées ou accentuées par les pouvoirs d'État africains au lendemain des indépendances, ne parvenant pas ou difficilement à se défaire d'un legs qui les avait façonnés et qui sembla leur permettre d'imposer plus ou moins aisément leur souveraineté.

Certes, tous les problèmes de l'Afrique ne se résument pas à des problèmes ethniques ; et le fait ethnique, même issu des classements coloniaux, n'y fait pas toujours problème. Mais il n'en est ou il n'en fut pas moins source de graves crises d'altérité, et, parfois, comme on le sait – notamment au Rwanda – de violences extrêmes.

Ces brèves considérations, qui auraient mérité sans doute de plus larges développements, indiquent donc avec quelle prudence un ethnologue africaniste, quoiqu'il relève d'une discipline qui en fit durablement son objet de prédilection, aborde tout à la fois le mot et la question ethniques. Et, du même coup, avec quelles réserves il voit resurgir en France l'identification ethnique, avec ses procédures statistiques, quand bien même s'agit-il d'entreprendre, à travers elle, une lutte efficace contre les discriminations.

Mais encore dois-je préciser la nature de ces réserves par des remarques plus circonstanciées.

D'abord, il m'est très difficile de ne pas voir dans cette formule, « statistiques ethniques », si persistante dans son usage désormais courant malgré les dénégations de ceux qui recherchent une mesure des discriminations afin de les réduire, une forte résonance avec l'expérience coloniale de la République, avec tout ce qui faisait la différence entre eux et nous, entre les indigènes et les citoyens. Et cela, d'autant qu'elles devraient tout particulièrement s'appliquer à des personnes qui proviennent ou dont les ascendants proviennent d'ex-colonies françaises, notamment du Maghreb et de l'Afrique subsaharienne. À moins de penser que ces statistiques ethniques devront concerner tout le monde, c'est-à-dire tout Français quelles que soient ses origines (bretonne, auvergnate, « chti », corse, piémontaise, sicilienne, etc.). Mais l'hypothèse de leur généralisation à l'ensemble de la population paraît très peu vraisemblable car, pour le coup, sujette à bien plus de contestations que leur application aux seuls groupes réputés discriminés.

Ensuite, et il s'agit là d'un problème encore plus redoutable que le précédent, il me semble que l'entreprise s'appliquant particulièrement à des populations d'immigration assez récente, l'identification et les statistiques ethniques, quel que soit leur mode de recueil, c'est-à-dire même si elles se font sur la base de l'autodéclaration ou du « ressenti », comme il est dit par leurs partisans, seront singulièrement réductrices de la façon dont ces populations jouent sur un assez large répertoire d'identités. Suivant les contextes et les interlocuteurs, on peut se dire en effet Africain, Maghrébin, Français, Ouest-Africain ou Centre-Africain, Sénégalais, Malien, Ivoirien, Algérien, Tunisien, mais aussi, Noir, Antillais, Caribéen, Musulman, Arabe, Berbère, Kabile, Wolof, Soninké, Dioula, etc. Peut-être certaines de ces dénominations, lors de l'autodéclaration envisagée, auront-elles la préférence de tel ou tel, mais ce sera, semble-t-il, à l'exclusion des autres. Ce qui n'est pas la meilleure des choses introduisant du tranchant et de l'étiquetage durable là où il y avait de la plasticité.

Enfin, je voudrais indiquer qu'aujourd'hui en France il existe de très nombreuses associations ethniques (sans doute plusieurs centaines), spécialement d'Afrique subsaharienne (comme il a existé et comme il existe toujours des amicales bretonnes, corses, auvergnates ou autres). Associations soninké, wolof, baoulé, mossi, bambara, fan, bamum, bakongo, et beaucoup d'autres encore qui correspondent assez bien à la mosaïque ethnique que j'évoquais précédemment (qui s'est en quelque sorte transférée sur le territoire hexagonal) et qui fonctionnent sur le mode de mutuelles et de systèmes d'aides aux collectivités d'origine (lignages, villages, etc.), prenant parfois le statut d'ONG afin d'intervenir et d'obtenir des financements pour des opérations de développement local. Or, même si Michèle Tribalat, voici quelques années, s'y est essayée[1], ce n'est manifestement pas sur cette base, c'est-à-dire à partir de cette « mosaïque ethnique » aux fonctions pourtant tout à fait utilitaires, que les tenants des statistiques du même nom envisagent de les

1. Voir notamment *De l'immigration à l'assimilation. Enquête sur les populations d'origine étrangère en France* (avec la participation de P. Simon et B. Riandey), Paris, La Découverte, 1966.

organiser. Car, pour le coup, et bien que le terme « diversité » soit, semble-t-il, préféré à celui d'« ethniques », lesdites statistiques seraient, sans aucun doute, vouées à une trop grande dispersion : ce qui n'est pas le but recherché lorsqu'il est affirmé que, grâce à elles, il s'agit de lutter efficacement contre les discriminations.

Dans ces conditions, je ne peux que m'interroger encore une fois – et pour conclure – sur le sens de la formule « statistiques ethniques » qui, quoique l'on en dise, reste la formule consacrée. Ne serait-elle pas, au bout du compte, l'euphémisation (comme la diversité qui est elle-même l'euphémisation d'ethnique) d'une expression que l'on n'ose pas prononcer, en l'occurrence « statistiques raciales », celles-ci se référant beaucoup plus trivialement à des phénotypes, à des couleurs de peau ou à des quantités de mélanine ? Si tel était le cas, je comprends tout à fait que les partisans des statistiques, que l'on ne sait plus très bien nommer, répugnent à les qualifier de « raciales », puisque ce serait là jouer avec un mot lourdement chargé, de surcroît disqualifié aujourd'hui par les sciences biologiques, et qui, de toutes les manières ferait l'objet d'encore plus de polémiques dans l'espace public que les autres qualificatifs. Mais je crains fort que derrière les mots « ethnique » ou « diversité », il ne soit bel et bien question dans toute cette affaire que de textures de peau ou de lignes de couleur.

Les « statistiques ethniques » ou la science et les scientifiques victimes d'une conjecture du mouton du Petit Prince

Athanase Bopda

Il existe entre la science et la politique politicienne une « conjecture du mouton » du Petit Prince d'Antoine de Saint-Exupéry. Celle-ci survient lorsqu'une entente entre les parties ne se réalise qu'au prix d'un glissement argumentatif par lequel, du dessin du problème de fond initial sur lequel les points de vue s'avèrent inconciliables, on passe à un dessin d'« emballage » du problème de fond sur lequel on s'entend parce qu'il ne précise plus rien en ce qui concerne ledit problème. La discussion authentique étant esquivée, l'accord enchanté sur l'emballage de la question peut faire illusion. C'est une escroquerie morale car, chacun restant sur ses convictions initiales, il n'y a pas d'accord. L'habileté du détournement d'attention ainsi opéré par l'habillement de la question n'est en rien une démonstration de l'habileté à décrypter la question de départ.

Toutefois, la conjecture du mouton du Petit Prince ne peut se produire que lorsque le rapport entre parties en présence oppose d'une part un prince donneur d'ordres qui défend ses idées et, d'autre part, un donneur de sens – le pilote, qui s'exécute mais en n'obéissant qu'à une recherche rationnelle et expérimentale du « meilleur » dessin. Pour bien s'en convaincre, relisons le passage de l'œuvre d'Antoine de Saint-Exupéry qui en rend le mieux la substance.

« S'il te plaît… dessine-moi un mouton »

«Je regardai donc cette apparition [celle du prince] avec des yeux tout ronds d'étonnement. N'oubliez pas que je me trouvais à mille milles de toutes les régions habitées. […] Quand je réussis enfin à parler, je lui dis :

— Mais… qu'est-ce que tu fais là ? Et il me répéta alors, tout doucement, comme une chose très sérieuse :

— S'il te plaît… dessine-moi un mouton.

Quand le mystère est trop impressionnant, on n'ose pas désobéir. Aussi absurde que cela me semblât à mille milles de tous les endroits habités et en danger de mort, je sortis de ma poche une feuille de papier et un stylographe. Mais je me rappelai alors que j'avais surtout étudié la géographie, l'histoire, le calcul et la grammaire, et je dis au petit bonhomme (avec un peu de mauvaise humeur) que je ne savais pas dessiner. Il me répondit :

— Ça ne fait rien. Dessine-moi un mouton.

Comme je n'avais jamais dessiné un mouton je refis, pour lui, l'un des deux seuls dessins dont j'étais capable. Celui du boa fermé. Et je fus stupéfait d'entendre le petit bonhomme me répondre :

— Non ! Non ! Je ne veux pas d'un éléphant dans un boa. Un boa c'est très dangereux, et un éléphant c'est très encombrant. Chez moi c'est tout petit. J'ai besoin d'un mouton. Dessine-moi un mouton. Alors j'ai dessiné.

Il regarda attentivement, puis :

— Non ! Celui-là est déjà très malade. Fais-en un autre. Je dessinai :

Mon ami sourit gentiment, avec indulgence :

— Tu vois bien… ce n'est pas un mouton, c'est un bélier. Il a des cornes.

Je refis donc encore mon dessin. Mais il fut refusé, comme les précédents :

— Celui-là est trop vieux. Je veux un mouton qui vive longtemps.

Alors, faute de patience, comme j'avais hâte de commencer le démontage de mon moteur, je griffonnai ce dessin-ci. Et je lançai :

— Ça, c'est la caisse. Le mouton que tu veux est dedans.

Mais je fus bien surpris de voir s'illuminer le visage de mon jeune juge :

— C'est tout à fait comme ça que je le voulais ! [...] »

Quelques éléments de la symbolique de ce texte méritent d'être relevés, tant ils arment une sorte de puissant discours subliminaire. Même perdu dans le désert, le pilote reste le symbole de la volonté de construction d'un lien entre mondes éloignés. En panne et en danger de mort, il reste par nature bienveillant et disponible. Esprit libre et ouvert, le pilote se révèle une allégorie du scientifique. Même s'il a sa propre idée de ce qu'est un mouton, il cherche et propose autant que faire se peut des solutions et revient à l'ouvrage quand celles-ci ne semblent pas donner satisfaction. Peut-être y a-t-il d'autres façons de dessiner un mouton ? Le pilote expérimenté sait qu'il doit serrer au plus près des faits qu'il ne connaît pas nécessairement à l'avance, dans une navigation tantôt à vue, tantôt à longue portée. Cette distance est une sorte de lecture de la proximité, toujours ajustable. C'est celle d'un chercheur ayant le souci de garder raison face à un travail de Sisyphe de recherche d'un dessin le plus proche de ce monde mouton.

Même à mille lieux (lieues) de toute terre habitée, transparaît la distance sociale du prince. C'est l'éloignement de la distinction entre castes ou classes. Autorité du commandeur, de celui qui par définition ne peut qu'avoir raison. Le prince d'Antoine de Saint-Exupéry est d'ailleurs « petit », ce qui atténue un peu ce que peut être dans notre monde quotidien la distance entre les princes tout court et le « reste du monde », y compris les scientifiques ! « Grands », les princes ne craignent pas leur éloignement du monde ; ils la cultivent. Même « petit », le prince d'Antoine de Saint-Exupéry est au-dessus du pilote ! Et si, petit, il habille ses requêtes d'un « s'il vous plaît », il n'en reste pas moins qu'il donne des ordres et tient à se faire entendre ! Il veut qu'on lui dessine un mouton, et le pilote n'aura la paix que lorsqu'il lui aura dessiné un mouton et surtout, « son » mouton ! Sinon, il ne restera que l'esquive, la fuite ou… le dessin de la « caisse au mouton » du prince.

Finalement, dans cette dynamique de « dressage » du pilote par le prince et du « domptage » du petit prince par le pilote, l'accord entre le petit prince et le pilote est un non-accord ou un désaccord maquillé. Devant un prince teigneux, le pilote a consciencieusement botté en touche ; et la caisse du mouton, bien qu'elle soit une impasse, a suffi à satisfaire le petit prince. Mais sortons de cette fiction littéraire et revenons au débat actuel. *Quid* du statisticien, du démographe, du géographe, de l'historien, du biologiste, et d'autres encore, face aux princes de ce bas-monde qui exigent d'eux des « statistiques ethniques » ?

Dessinez-moi des « statistiques ethniques ». Quand le scientifique, éternel inquisiteur inquiet des vérités établies, reçoit l'interpellation d'un prince en quête de moutons et lève la tête, le regard interloqué, il ne peut qu'être surpris par la sérénité ou la naïve assurance violente avec laquelle ce dernier demande ou lui propose des idées simplistes à utiliser d'urgence. Alors que le dessin des solutions que le scientifique esquisse est parfois fort difficile et toujours laborieux, alors que sa curiosité lui permet toujours d'essayer une nouvelle fois un nouveau dessin de « la » solution, le temps des choses ne cesse de passer.

En effet, si le prince commande, ce n'est pas lui le pilote ! Et si le pilote est aux commandes et de fait donne le sens, ce n'est pas lui qui commande ! Les rapports entre le pilote et le prince montrent très vite les difficultés potentielles du théâtre d'une interaction, où des acteurs ont des rôles à l'inverse de leurs fonctions respectives, mais doivent opérer ensemble ! Sans validation scientifique, le discours du prince manque de l'« incontestabilité » qu'apporte l'énonciation par la bouche du scientifique. En effet, il est de notoriété que ce dernier est le maître de l'épreuve du doute ! Ce qui donne, à ce qu'il avance, une crédibilité de la chose éprouvée. La parole du scientifique fait donc un peu parole d'évangile mais ; tout ce que dit un scientifique est-il automatiquement scientifique ? Raccourci logique tout comme la caisse au mouton du petit prince – une proclamation ou une production par des scientifiques de « statistiques » dites « ethniques », sans que l'ethnie au juste ne soit définie à l'avance, constituerait pour beaucoup une preuve suffisante de la validité des dites statistiques ethniques.

Comme le pilote perdu dans le désert, les statisticiens et les démographes savent faire de la statistique et de la démographie ou du moins en savent un rayon. Mais savent-ils faire de l'ethnie et de l'ethnique pour autant ? L'ethnie ou l'ethnique, c'est l'affaire des politiciens et des entrepreneurs de morale wébérienne. Un scientifique qui, quittant la stricte sphère de sa discipline, se risque dans le territoire politique glissant de l'ethnie et de l'ethnique, ne saurait valider ce qu'il fait dans les sphères de l'ethnie et de l'ethnique par le seul fait qu'il a un savoir-faire reconnu dans celle de la statistique et de la démographie, par exemple. Car c'est dessiner une autre caisse au mouton que de penser que ce qu'un bon statisticien ou un bon démographe, bref, un scientifique fait dans la sphère de l'ethnique est nécessairement bien fait et bon à prendre du fait de sa compétence dans son domaine de recherche. Si ce domaine n'est pas dans la sphère particulière du décryptage des faits sociaux ou politiques, on risque l'erreur. Même si cela peut arriver par hasard, la qualité du porte-voix ne présage en rien celle de l'argumentation développée par le discours de la voix portée. Il faut rester vigilant, et l'œil critique ouvert !

Et voilà la spirale infernale !

Une des plus terribles questions auxquelles la statistique se heurte quand elle aborde concrètement la question des statistiques ethniques est bien celle de l'unité statistique de référence. Qu'est-ce que l'on compte ? Avec quoi compte-t-on ? Avant d'être proclamée blanche, noire, africaine et autres, la composition ethnique toute indigène de la France renvoie au paysage sociopolitique du territoire français en 52 av. J. C., quand les Pictaves, les Sardons, les Parisis et autres composantes de la centaine des tribus du territoire que viennent conquérir les Romains sont dans l'ère du temps. Fera-t-on des statistiques ethniques sans en arriver à réanimer ces origines connues des originaires ? Les termes ethniques introduits par ces royaumes font référence au moment de l'avènement de Clovis, à la fin du ve siècle. On pourrait ainsi à souhait se perdre dans les dédales d'une composition décomposée des statistiques cuisinées à l'aune de l'ethnie sans cesse reconfigurée de siècle en siècle.

En effet, l'individu ethnique n'existe pas en soi comme existeraient une orange, un grain de blé, un arbre. Il n'existe que parce qu'on a créé une ethnie et on l'y a rangé avec ou sans son consentement, avec ou sans remontée de l'histoire ! Seul l'individu, personne, particulier, existe de fait.

L'ethnique est si surfait qu'on le lui attache de surcroît, et l'on croit compter l'ethnique en le comptant ! Un peu comme si, dans un sondage d'opinion, on confondait celui qui exprime son opinion à son opinion.

L'appartenance ethnique est le fait d'un rattachement, volontaire ou arbitraire, mais jamais d'une nature. Comme le genre, l'ethnie est culture, et non nature. Elle est même moins qu'une culture qui relève d'un projet. Elle est un habillage qui relève de l'additionnel, du superfétatoire. C'est une opinion et non un pignon. Et en tant qu'opinion qui discrimine, l'ethni-excitation opère par prophétie auto-réalisatrice. Je dis que l'ethnie existe, d'autres le disent. Dans un cas comme dans l'autre, il est vite conclu que l'ethnie est ! Pourtant, si *a contrario,* je dis que l'ethnie n'existe pas, ou si d'autres le disent... elle n'existe pas ! Dans le premier cas, comme dans le second, de quoi les décomptes rendraient-ils compte ?

Mourir pour des idées...

L'ethnie est citée au gré de qui cite, elle est comptée au gré de qui compte. Si la statistique est tout en nombre, l'ethnique est tout en ombres ! Mettre des nombres dans des ombres, ou l'inverse, n'est-il pas une entreprise dangereuse tant le monde ainsi créé serait hanté et fantasmatique ? Labile et fugace à souhait, l'ethnie citée des statistiques ethniques est un champ ouvert à la confusion[1]. Les tableaux

1. Comme une direction de girouette. En soi la girouette n'a pas de direction propre qui ait un sens autre que celui de rendre compte de son fonctionnement de dispositif rotatif autour d'un axe, même si partout où on la trouve, elle en indique toujours une. Chercher La direction de La girouette est une entreprise aussi vaine que chercher Le sens de L'Opinion. Et la direction du vent n'est pas celle de la girouette puisque, même quand elle se grippe et ne peut être « tournée » par le vent, la girouette n'en a pas moins une direction à elle ! De là à dire que la statistique ethnique elle-même, c'est elle le vent, il n'y a qu'un pas...

produits par les statisticiens ethnicistes en enseignent plus sur ces derniers qu'ils n'informent sur les populations censées être décrites par leurs soins. Toutes les statistiques ethniques sont dans les lentilles avec lesquelles on choisit de regarder les populations considérées. Or chaque choix en vaut alors un autre et, même le consensus en cette matière ne légitime rien sur le plan analytique et scientifique. Tout et le contraire de tout peuvent se dire, légitimement.

Alors, statistiques ethniques ou statistiques sur les statisticiens qui font de la statistique ethnique ? La seconde option est peut-être plus censée qu'elle n'y paraît ! En effet ce sont les statisticiens ethnicistes qui, par leur opinion, font et défont les ethnies de leurs statistiques. Les statistiques ethniques sont alors comme des auberges espagnoles où chacun n'y retrouve que ce qu'il y a amené. Il y a là une distance du vecteur au symptôme ! Tous les épidémiologistes le savent bien : rien n'est plus efficace pour combattre une maladie que d'étudier son ou ses vecteurs et s'y attaquer. Tant qu'à faire des mesures et des statistiques, autant en faire sur les discriminateurs, y compris les « stratisticiens » et les « castiticiens », et non sur le discriminé ; sur le vent et non sur la girouette oubliée à juste titre quand on parle... de la direction des vents !

La diversité la plus visible, c'est la moins sensible ou la moins ressentie ; celle à laquelle on ne pense pas ou plus. Celle dont on doit parler pour lui donner consistance ne pourrait être que fixation sur une fiction ! Il serait dangereux de ne pas lutter contre les fixations qui, à force de dessiner le diable sur le mur, finissent par le faire entrer par la fenêtre et même par le mur lui-même !

Distanciation maîtrisée oblige, scientifiques et politiciens peuvent échanger sans obligation de conclusions partagées qui rendraient la caisse du mouton indispensable.

Solution de compromission et non de compromis, le recours à la statistique ethnique détourne d'un ciblage pertinent sur les problèmes des inégalités entre les personnes pour les focaliser à tort sur la question piégée des inégalités entre des illusions groupales que sont les ethnies. « Science sans conscience… », vigilance !

La mal-mesure des « races ». Critique de l'usage inconsidéré des catégories de couleur

Jean-Luc Bonniol

L'expression « mesure de la diversité » offre l'avantage de recourir à un terme qui est monté récemment en puissance pour qualifier le caractère de plus en plus pluriel de la société française. Terme éminemment valorisé, évocateur d'un monde bariolé, sous la bannière du « métissage » planétaire et de la globalisation, et porteur, du moins dans son usage récent – largement issu de l'écologie – d'une image de configuration naturelle à préserver, car participant des grands équilibres du monde... Mais point n'est besoin d'une analyse approfondie pour se rendre compte que la réalité à laquelle cette expression fait référence n'a pas fondamentalement changé par rapport à celle, porteuse de connotations désormais largement négatives, de « statistiques ethniques ». En témoigne l'usage de termes qui lui sont spontanément associés, en particulier celui de « communautés » dont on présuppose l'existence, et celui, plus récent, de « ressenti d'appartenance », qui renvoie au sentiment d'affiliation à des groupes imaginés. Ce qui se cache derrière cette palette lexicale semble en fait correspondre à l'existence dans notre société d'un « référentiel ethnoracial » susceptible d'inspirer des pensées et de gouverner des interactions sociales...

Il semble donc tout à fait légitime de vouloir se doter, si l'on veut lutter contre la discrimination qui peut en découler, d'instruments adéquats afin de mettre à plat, au-delà du constat d'actes plus ou moins intentionnels, leurs conséquences structurellement discriminantes, objectivement déployées dans une réalité sociale marquée par des « rapports de race », résultat de l'agrégation au long cours de ces multiples interactions. D'autant que l'on ne peut que prendre acte de l'impuissance des politiques publiques à véritablement venir à bout de ces inégalités, ce qui prend un relief particulier dans un pays comme la France, qui, malgré l'affichage officiel des principes républicains, semble avoir du mal à reconnaître sa propre diversité interne (à intégrer par exemple la pluralité des origines de ceux qui font aujourd'hui partie de la République dans son récit national...). D'où l'argument de réalité avancé par les partisans de ce type de mesure : il faut tenir compte de ce mode de catégorisation qui a une efficacité sociale indéniable si l'on veut en combattre les effets ; et, à cette fin, il faut enregistrer ces catégories, en particulier dans des procédures d'enquête publique. On voudrait pourtant ici souligner, *a contrario*, combien le recours à des catégories raciales, en particulier celles relatives à la couleur de la peau, se heurte à un certain nombre de difficultés et de contradictions internes.

Le cas classique des sociétés racialement structurées

Partons du cas de sociétés profondément racialisées, à savoir les sociétés esclavagistes et post-esclavagistes du Nouveau Monde où le préjugé de couleur, cette « bizarrerie de l'esprit humain née dans les colonies à esclaves », apparaît comme la pièce essentielle de l'ordonnancement social. Le processus de racialisation, que l'on peut décrire comme le passage d'une coïncidence historique (esclaves = Noirs) à une nécessité idéologique (Noirs = esclaves), y a correspondu à une autonomisation des rapports raciaux face aux rapports de production avec lesquels ils correspondaient au départ, qui a abouti paradoxalement à leur prégnance... C'était là un objet d'étonnement pour Frantz Fanon (1954), lorsqu'il se demandait pourquoi, dans les vieilles colonies comme La Martinique, les perspectives de l'analyse marxiste classique se brouillent: force pour lui, était en effet, de constater « une apparente surdétermination par l'ordre racial du classement hiérarchique qu'opère la société sur elle-même », et que c'est donc une *production mentale*, celle qui préside à cet ordre, qui étalonne les individus et les groupes en présence; c'est d'elle, en définitive, dont dépend l'accès aux richesses et aux pouvoirs, normalement régulé par les rapports de classes.

Ces sociétés sont en effet marquées par une certaine instrumentalisation de la nature dans la justification de l'ordre social, phénomène qu'avait déjà bien mis en évidence Condorcet (la nature rendue complice du crime de l'inégalité politique...) et Tocqueville (la race perpétue le souvenir de l'esclavage...), ce qui installe une relation très spécifique du social au biologique. La racialisation de l'esclavage imprime en effet une trace visible dans l'apparence même des descendants de ceux qui en ont été victimes, et continue, à travers ce lien généalogique inscrit sur l'enveloppe des corps, à segmenter interminablement la société. On est donc en présence d'une rémanence du biologique par rapport aux évolutions sociales: il s'est en définitive posé pour ces sociétés, fondées sur une correspondance originelle entre les statuts et les apparences physiques, un problème de reproduction inédit: comment contrôler un phénomène dont tous les paramètres ne sont pas sociaux, mais passent par le canal de l'hérédité biologique? La solution a résidé dans le recours à une économie matrimoniale étroitement surveillée : le choix du partenaire reproducteur a conditionné la reproduction biologique de la population, assurant partiellement la duplication des contrastes originels et par là même une stabilisation des rapports sociaux sans équivalent : c'est dire qu'il y a eu une « gestion » sociale de la transmission des traits biologiques ; en quelque sorte le biologique a enregistré en lui l'ordre du social, par une sorte de prophétie auto-créatrice (Bonniol, 1992)...

Le « racial » dans les sociétés contemporaines

Nos sociétés contemporaines sont héritières de ces distinctions coloniales : celles-ci continuent à y informer nos représentations du social, et elles contribuent à le façonner. Remarquons que ces distinctions ont une double efficacité sociétale, puisque, tout à la fois, elles assignent les individus à des catégories minorées mais en même temps leur permettent de se constituer en tant que groupes... Comment se situer par rapport à ce paradoxe : que de tels groupes puissent s'affirmer dans les termes mêmes qui ont servi à leur infériorisation, semblant, dans un mouvement de rétorsion identitaire, se couler dans le moule d'un schème mental hérité qui voit là assurée sa perduration ? Comment prendre acte du fait que certains peuvent se présenter « en tant que » pour refuser d'être traités « comme » – Noirs, juifs, Arabes (Fassin & Fassin, 2006)... Ce qui peut être illustré par le paradigme de la négritude, qui fut exprimé avec force par Aimé Césaire, propos ici rapporté en substance : « Vous me traitez de nègre ? Et bien le Nègre vous emmerde ! » On sait ce qu'a pu être l'attitude de Jean-Paul Sartre (1949) par rapport à une telle posture : la négritude représentait pour lui un moment dialectique nécessaire, au travers duquel la dignité devait être reconquise sur le lieu même où elle avait été bafouée, mais il s'empressait d'ajouter qu'elle devait déboucher sur son propre dépassement (Depestre, 1980)…

L'affirmation des situations multiculturelles dans les sociétés contemporaines a favorisé la convergence entre assignation raciale d'un côté, auto-identification raciale de l'autre : un discours commun unit des acteurs sociaux opposés, et le langage ethnico-racial semble s'imposer à tous, livrant la vérité de l'événement de manière univoque. D'un côté une lecture racialiste, qui met systématiquement en scène l'immigration, en termes de successions de générations et en réaction à un communautarisme supposé, selon un dispositif asymétrique, où ce sont des « minorités » qui sont affectées d'un statut ethnique, alors que la majorité en est exempte… De l'autre côté, des affirmations collectives qui ne sont pas sans lien avec la logique précédente, qu'elles ne font que retourner tout en se situant dans le même schème organisateur du social (français de souche/ immigrés d'un côté ; « gaulois »/« indigènes » de l'autre…). Affirmation de soi et catalogage de l'autre vont de pair, selon une logique du « fragment » et de concurrence mondialisée des revendications identitaires (Amselle, 2008).

La race comme masque

Les distinctions raciales, même si elles peuvent être revendiquées, sont encore susceptibles de nourrir des discriminations. Mais celles-ci se mêlent, de manière inextricable, à des inégalités sociales préexistantes que l'on ne peut facilement éluder. Accordons-nous sur le fait qu'en toute logique on ne peut qualifier une discrimination de raciale qu'à condition d'avoir récusé tous les autres facteurs sociaux et d'avoir isolé, tel un corps pur dans une expérience de chimie, le racial comme le *Deus ex machina* présidant à une situation d'inégalité... Remarquons au passage que le constat de l'inégalité objective inscrite dans des rapports de race, et *a fortiori* l'existence chez certains d'un sentiment d'appartenance, repose sur une qualité de notre monde sensible, à savoir la *visibilité* du caractère distinctif (même si sa perception peut s'appuyer sur une théorie des origines inscrite dans nos dispositifs cognitifs...). Mais l'apparence peut-elle disposer d'un tel pouvoir d'ordonnancement social ? C'était là, on l'a vu, le constat de F. Fanon pour une société comme celle de la Martinique. Mais un problème théorique majeur demeurait pour lui en suspens : ne s'agissait-il pas là d'un épiphénomène ? En d'autres termes, l'inégalité ne résulte-t-elle pas de facteurs premiers, que la couleur ne viendrait que recouvrir d'un masque trompeur ?

La mise en balance du social et du racial est devenue aujourd'hui un exercice rhétorique abondamment pratiqué... Pour beaucoup d'analystes, il s'agit de mesurer l'action de variables associées. On peut cependant remarquer que les catégories sociales et raciales sont de nature profondément différente. Dans le cas des classes, nous sommes en présence de regroupements dégagés par l'analyste à partir de référents objectifs : richesse, pouvoir, mode de vie... Le critère de la conscience, souhaité par Marx, n'est pas forcément présent : il n'est là que comme adjuvant à une possible mise en œuvre de la lutte des classes. Dans le cas des « races », il est au contraire question de catégories émanant de critères subjectifs, au sens où elles sont issues de schèmes mentaux gouvernant l'ordonnancement du social : c'est à ce titre qu'elles circulent, par un effet de contagion des idées, comme des germes dans l'air que l'on respire, en particulier véhiculées par les médias, alimentant le référentiel ethnoracial ambiant... On ne peut donc leur donner le même indice de réalité qu'aux catégories sociales : les enregistrer officiellement, c'est leur donner du même coup le privilège de l'objectivité, et les faire accéder à l'ordre permanent, et pourrait-on dire inévitable, des choses, d'autant que leur inscription dans l'hérédité semble les mettre comme hors d'atteinte du changement social…

La manipulation dangereuse de substances « biologiques »

S'il est question, pour mesurer la « diversité », de questionner des sujets sur un éventuel « ressenti » d'appartenance, au terme d'une auto-évaluation, ne risque-t-on pas, dès lors, de conforter l'essentialisme qui imprègne les catégories utilisées par les acteurs sociaux, de réactiver en particulier la notion de « race », de créer des frontières là où il y a continuité ? On pourra certes rétorquer que, pour beaucoup d'utilisateurs, le qualificatif de « noir » n'a évidemment pas de fondement biologique, renvoyant simplement à un certain type d'expérience sociale entièrement déterminée par le regard de l'autre et par un code racial imposé. Rien n'est moins sûr ! Cette qualification semble porter en elle le risque de toute métaphore : prendre le mot pour la chose… Si l'on fournit à ce type de catégorisation une légitimité taxinomique, la voie est libre pour lui donner de la consistance, pour contribuer à le cristalliser dans le temps, pour le faire advenir, ouvrant la voie à un traitement différentiel des individus au long de lignes héréditaires, du fait même qu'il s'agit de catégories qui mettent en place un bouclage du social par le biologique, en particulier lorsqu'elles ferment le cercle des choix matrimoniaux, comme ce fut le cas dans les vieilles colonies, et comme c'est encore largement le cas aux États-Unis. Ce qui ne peut que faire perdurer des distinctions vécues comme « naturelles », qui prennent dès lors un caractère définitif, alors même que l'on voudrait faire disparaître les discriminations dont elles sont porteuses…

L'arbitraire des catégories

Les bases catégorielles utilisées ne vont-elles pas en définitive consister dans le simple enregistrement de stéréotypes raciaux dont bon nombre sont hérités de la colonisation ? Songeons par exemple au qualificatif de « noir » et à l'arbitraire catégoriel qu'il représente, largement issu d'un modèle généalogique colonial, renforcé par la règle américaine de la « goutte de sang » (Hirschfeld, 1999; Savy, 2007), qui fait du « Blanc » un être indemne de mélange et qui rabat vers la couleur opposée tout individu mêlé, sous le prétexte qu'il en est en partie issu... Il y a là une asymétrie fondamentale dont il est difficile, même pour les esprits les plus avertis, de se dégager : les médias apparaissent particulièrement complaisants dans l'utilisation de ce terme, souvent associé à celui de « communauté », sans aucun recul critique, comme l'ont illustré la plupart des commentaires sur la victoire de Barak Obama, rabattu la plupart du temps sur la catégorie « noir » (même si le qualificatif de « métis », plus respectueux de son ascendance mêlée, présente aussi l'inconvénient de renvoyer à une origine raciale...), et sans souci des différences culturelles, par exemple entre Antillais et Africains, ou des choix individuels d'identification.

Conclusion

Il n'est évidemment pas question de recouvrir d'un « voile d'invisibilité » les phénomènes ethniques et raciaux, et la lutte contre les inégalités qui leur sont articulées est plus que jamais d'actualité... Il faut donc se donner les moyens de les repérer et de les analyser, dans toutes leurs dimensions. Des instruments qualitatifs, certes élaborés à partir des discours et des comportements des acteurs, mais mis en œuvre par les seuls analystes, sont à même d'être utilisés, en se gardant de tout effet en retour sur la réalité sociale étudiée. Tout fichage personnel et nominatif est en particulier à proscrire, qui pourrait introduire de telles procédures identificatoires… On ne peut en effet préjuger de l'utilisation future d'un tel fichage, alors même que la collecte des données sur l'origine, peut apparaître d'ores et déjà comme un instrument de pouvoir servant à occulter les véritables luttes sociales, dans un dispositif politique où l'« identité nationale » est, on le sait, accolée à l'immigration et à l'intégration conçues comme problème…

La diversité est enfin un beau mot, mais il faut avant tout la repérer au niveau des individus reconnus dans leur singularité, et non des groupes… Comment en effet préserver la liberté de ceux qui ne veulent pas être assignés, comme le joueur de golf Tiger Woods, qui a refusé d'être qualifié de « noir », inventant pour l'occasion le néologisme *cablinasian* caucasian-black-indian-asian… Le débat doit pour cela être replacé dans un horizon d'attente, que l'on peut profiler à partir d'une alternative éthique. Que voulons-nous ? Un monde où les distinctions raciales ou ethniques sont vouées à toujours être là, inéluctables, garantissant le maintien des spécificités culturelles qui leur sont attachées et nourrissant des consciences d'appartenance à des groupes fédérés sur leurs bases, ou un monde débarrassé de ces distinctions où les éléments culturels de diverses origines, éminemment fluides, se diffusent sans entraves dans l'ensemble du corps social ? Une telle alternative pose le problème plus général du contrôle social exercé sur l'individu : celui-ci doit-il être assigné à une appartenance dictée par ses origines ou son apparence, ou peut-il exercer une liberté de choix concernant ses appartenances, voire même peut-il refuser de choisir ? Ce n'est qu'une fois ce préalable clarifié qu'un discours scientifique peut se déployer pour éclairer une éventuelle action publique.

« Diversité ».
Le piège des mots, la dérive des idées

Michel Giraud

La diversité comme fait

La diversité est une loi à laquelle toute réalité est soumise. Rien n'existe à l'identique, car, aussi nombreuses et massives que puissent être les ressemblances entre des individus, toujours ne serait-ce qu'un minuscule aspect, un infime détail viennent « faire la différence » entre eux, installer une diversité. Ainsi, cette dernière est un fait universel dont la nécessité même induit qu'il ne comporte en soi aucune obligation à être prescrit et rend sans objet toute intention de le préserver. Elle ne se commande pas mais se déploie, largement indifférente à la volonté aussi bien de ceux qui entendent la combattre que de ceux qui prétendent la promouvoir. Elle renaît sans cesse de ce que l'on croyait être ses cendres. Parce qu'elle est le résultat de la dynamique qui inéluctablement contrebalance avec force la non moins puissante tendance à l'entropie dans le règne de la nature et à l'homogénéisation des conduites individuelles et des comportements collectifs dans le domaine de la culture. Elle et, pas davantage, sa préservation ne sauraient donc être une norme, une règle à édicter.

Devant ces évidences – si fortes qu'à les énoncer on a le sentiment de proférer des truismes –, on ne peut que s'étonner et, selon nous, l'on doit s'offusquer de ce que certains veuillent fonder une politique, c'est-à-dire une axiologie, sur ce qu'ils considèrent être « le principe de diversité ». Et l'on est conduit à voir dans l'énoncé même d'un « commissariat à la diversité » un oxymore incongru, tant il est vrai que les significations d'autorité et d'imposition d'un ordre qui – au moins dans le français de tous les jours – connotent le premier terme de cette dénomination paraissent jurer fortement avec ce que nous venons de dire être le caractère de non-prescriptibilité de la réalité que désigne le second.

Certains diront probablement que dans une telle analyse il est fait trop peu de cas de l'obligation qu'il y a à lutter contre les discriminations, notamment racistes ou xénophobes, qui précisément se drapent souvent dans ce qui se donne pour un refus de la diversité (aussi vain soit-il). Raison pour laquelle nos interlocuteurs imaginés affirmeront vraisemblablement que l'engagement contre les formes d'ostracisme social qu'ils considèrent passe nécessairement par une reconnaissance – forcément apologétique – de ce qui fait l'objet de ce refus indu à leurs yeux. Ce à quoi alors nous répondrons que, compte tenu de ce que nous avons souligné précédemment, si la diversité constitue un fait qu'on ne peut nier, nous ne saurions pour autant lui reconnaître une valeur intrinsèque. Elle a le simple mérite d'exister de manière nécessaire et donc universelle.

La diversité n'ayant aucune valeur qui lui serait propre, il en résulte que la reconnaître de manière formelle, la mesurer le plus exactement possible et, *a fortiori*, en assurer la promotion n'est souhaitable que si cette reconnaissance, cette mesure ou cette promotion a une utilité sociale générale incontestable. C'est-à-dire si, entre autres choses, elle s'avère constituer une condition indubitablement favorable à un meilleur fonctionnement des secteurs de la vie sociale dans lesquels on entendrait assurer sa parfaite expression. Et aussi si elle permet l'augmentation significative des chances de promotion sociale de l'ensemble des personnes qui – du fait de critères que l'on dit ethniques – se heurtent ou sont susceptibles de se heurter à la « loi d'airain » des inégalités et des discriminations racistes ou xénophobes. Or rien de tel ne pointe à l'horizon.

D'une part, les efforts, certes souvent timides, qui ont été et sont encore consentis dans de nombreux pays pour parvenir à une plus grande diversité « ethnique » au sein de certaines institutions comme, par exemple, les partis politiques ou les organismes de la communication de masse n'ont changé et ne changent toujours qu'à la marge le fonctionnement de ces institutions. Ainsi, la présence à l'antenne ou dans les rédactions des chaînes de télévision françaises de journalistes identifiés et s'identifiant comme Arabes, Antillais ou, dans une moindre mesure, Africains, n'a que peu modifié une information toujours aussi soucieuse de se conformer aux canons de la pensée dominante. Une hirondelle ne fait pas le printemps !

D'autre part, l'arrivée d'un nombre lentement croissant d'individus des « minorités visibles » à des places socialement en vue laisse inchangée la position marginale de ces minorités dans la société. Loin donc qu'elle puisse être considérée comme le début du commencement de la dynamique générale de promotion sociale dont nous faisions plus haut l'indice le plus sûr de ce qui serait une utilité sociale des « politiques de la diversité », elle est l'exception qui confirme la règle. Elle constitue la marque de la vérité générale qui veut que la reproduction des systèmes de domination sociale ne puisse être durablement assurée que par la mobilité ascendante, sévèrement contrôlée, d'un petit nombre de dominés et par la translation vers le haut de structures sociales immuablement organisées selon les mêmes hiérarchies bref, que pour ne pas rompre, ces systèmes doivent savoir plier. Une vérité qui révèle l'inanité et le contradictoire, dans ses termes mêmes, du projet-phare des partisans de la promotion de la diversité : « Faire que les élites soient à l'image de la société » ; de telles élites n'en seraient plus une et la société sans classe serait enfin réalisée !

Pour ce qui est de la dimension particulière des « politiques de la diversité » qui vise la mesure de cette dernière, le scepticisme dont nous venons de faire montre relativement à l'ensemble de ces politiques quant à ce que nous concevons pouvoir être leur utilité sociale n'est pas moindre. En effet, que peuvent apprendre qui ne soit pas déjà connu les enquêtes qu'il est envisagé de mener pour opérer cette mesure ? Un grand nombre de Français reconnaissent désormais l'existence d'importantes discriminations racistes ou xénophobes dans leur pays, et il y a fort à parier que si une grande majorité d'entre eux se disent favorables aux « enquêtes statistiques sur le ressenti d'appartenance pour mesurer la diversité et mieux connaître les discriminations »[1], c'est précisément du fait de cette reconnaissance. Quant à ceux qui contestent cette existence, il faut vraisemblablement voir dans leur position, davantage que l'expression d'une ignorance, celle d'une mauvaise foi dont il est peu probable que des résultats d'enquête, aussi incontestables soient-ils, parviendraient à venir à bout.

Critique encore plus lourde de conséquences, le dispositif envisagé pour la réalisation des enquêtes en question apparaît, en revanche, d'ores et déjà incapable de permettre

1. Selon un article paru dans *Le Monde* du 28 avril 2009, qui présente et commente les résultats d'un sondage commandé par le Comité représentatif des associations noires (CRAN).

la connaissance de réalités qu'il serait fort utile de prendre en compte dans la lutte contre les discriminations pour la rendre plus efficace et qui, malheureusement, ne sont pour l'instant que très imparfaitement connues, notamment les profils sociologiques et psychologiques des auteurs/acteurs de discriminations ou les mécanismes et les stratégies circonstanciés par et à travers lesquels opère l'ostracisme social en question. De cette incapacité, ceux de nos collègues de la CARSED qui sont des spécialistes de la méthodologie et de la pratique des enquêtes statistiques apportent, dans leurs contributions au présent volume, toutes les explications nécessaires, et ce, beaucoup mieux que nous ne saurions le faire. Pour notre part, nous voulons maintenant tenter, dans la dernière partie de notre texte, de montrer comment les faiblesses et les limites qu'ils pointent trouvent une de leurs principales sources dans une conception inadéquate de ce qui est confusément nommé « diversité des identités ».

La diversité comme construction

Bien qu'aujourd'hui ils s'en défendent, les promoteurs de l'idée d'une mesure statistique de la diversité « ethnique » par de grandes enquêtes quantitatives sont conduits, peut-être sans qu'ils en prennent clairement conscience, à avoir une représentation de ce qu'ils entendent examiner qui apparente peu ou prou les objets de leurs investigations à des choses, à des para-natures. Une représentation qu'ils peuvent en théorie continuer de réprouver, mais que dans leurs pratiques professionnelles ils consacrent bel et bien. Ainsi, pour le dire le plus simplement que nous le pouvons, ils sont conduits à traiter de processus d'identification, dont on doit penser qu'ils sont des plus variables et extraordinairement labiles, en termes d'identités ethnoculturelles, qui seraient relativement stables et aux significations plutôt univoques. Eux-mêmes en sont probablement, d'une certaine façon, inquiets. Et c'est vraisemblablement pourquoi ils ont substitué, dans la formulation de leur problématique, la notion de « ressenti d'appartenance » à celle « d'appartenance ethnique ». Ce pour tenter de répondre aux reproches que leur vaut ce qui est perçu par certains comme une tendance à naturaliser le social. Mais cette parade est quelque peu dérisoire, car définie comme ressentie ou identifiée comme objective une appartenance est très vite susceptible d'être réifiée si ne sont pas mis en place des instruments d'investigation permettant de mettre précisément en évidence les éventuelles labilité et grande variabilité des identifications ainsi que les conditions sociales qui produiraient ces possibles caractéristiques des affiliations. Ce que ne prévoient pas de faire les projets d'enquête dont nous avons connaissance.

S'ils sont ainsi exposés au risque d'une certaine réification de leurs objets d'étude, c'est parce qu'ils ont besoin pour conduire les analyses des données qu'ils collectent, de supposer que les significations de ces données présentent, même de manière relative, la stabilité et l'univocité dont nous avons parlé. Ici, c'est aussi la fonction qui crée l'organe, ou plus précisément la finalité de la tâche à accomplir (mettre à jour des appartenances durables) qui impose la conception des catégories d'analyse (la manière dont on se représente les groupes auxquels ces appartenances se référeraient). C'est qu'en effet on imagine mal comment il serait possible d'interpréter les réponses à des questionnaires d'enquête si certaines de ces réponses avaient une durée de validité très courte et, pire encore, si certaines de celles qui portent les variables à expliquer avaient une durée de validité très différente de celle des réponses aux questions du « signalétique » (comme, par exemple, la question collectant un identifiant « ethnique ») qui expriment les variables susceptibles par hypothèse d'expliquer les premières variables. La difficulté est, bien sûr, la même concernant des données dont tout laisse à penser que leurs significations sont loin d'être univoques, mais qu'elles sont sous la dépendance d'une pluralité de circonstances et d'interactions dont il est irréaliste d'envisager qu'elles puissent toutes être mentionnées comme modalités possibles de réponse dans le questionnaire d'une enquête quantitative.

Il existe trop de travaux de terrain, menés depuis un très grand nombre d'années dans des sociétés fort diverses, qui attestent de la complexité des processus d'identification, notamment en termes d'appartenance «ethnique», et, en particulier, de l'effectivité des quelques éléments de cette complexité qui viennent d'être envisagés dans cette section de notre texte pour que nous puissions considérer que le risque de réification des affiliations identitaires qui est soulevé dans le débat en cours sur l'opportunité d'une mesure statistique de ces affiliations soit purement théorique.

Ainsi, les sociétés antillaises – où nous travaillons depuis près de quarante ans sur les identifications à des groupes définis sur la base du critère de la «race» ou de la «couleur», puis sur les affirmations identitaires (Giraud, 1979, 1988, 2005) – sont un formidable laboratoire pour la mise en évidence des éléments de la complexité susdite.

Elles témoignent en particulier du caractère éminemment historique, donc changeant, des classifications qui servent de support aux identifications. Dans le cas antillais, ces classifications prennent en effet leur source dans l'histoire spécifique de l'esclavage, mais leurs transformations reposent en fait sur des dynamiques sociales et politiques qui ont pris leur essor dans les conditions particulières de l'abolition de la servitude. Des conditions qui ont à la fois fait naître une puissante volonté d'intégration à la

République française, qui ne commence qu'à peine à se déliter aujourd'hui, et actualisé la constitution du phénotype mais aussi de la généalogie des individus en un capital, à améliorer ou à faire fructifier selon la « couleur » des intéressés. Depuis peu, les dynamiques en question ont modifié – à travers l'essoufflement du modèle dit d'assimilation à la France – la donne des catégorisations considérées, en inversant sur bien des points les rapports de dominance dans le champ des affirmations identitaires. Mais tous ces changements n'annulent pas tant les formes antérieures d'identification qu'elles cumulent formes anciennes et formes nouvelles de celle-ci dans un large répertoire de registres d'affiliation sur lesquels les individus peuvent jouer au gré de leurs stratégies.

Un tel cumul permet de mettre en exergue un deuxième élément de la complexité qui nous intéresse : le caractère situationnel des identifications. C'est selon les contextes changeants dans lesquels ils sont insérés que les individus optent, dans l'éventail des répertoires que nous venons d'évoquer, pour telle ou telle stratégie d'identification ; une même personne peut « jouer au nègre » dans le *meeting* électoral nationaliste auquel elle s'est rendue et se comporter « comme un mulâtre » dès lors qu'il s'agit de choisir un conjoint qui « éclaircira la race ».

D'autres données antillaises mettent en lumière un troisième aspect – étroitement relié aux deux premiers – de la même absence de simplicité : toute identification faite par un individu ne se comprend que dans un jeu de relations avec les identifications des autres individus avec lesquelles il interagit. C'est ainsi que nous avons établi dans nos travaux que, dans le modèle coloriste ancien des Antilles, c'est en fonction de la manière dont elles sont le plus souvent identifiées par les autres que les personnes construisent leur propre typologie des « couleurs », et finalement se définissent. Celles qui sont ainsi situées au sommet (les Blancs) ou à la base (les Noirs) de la classification « raciale » distinguent un bien plus petit nombre de types que ne le font celles qui sont identifiées comme appartenant à une catégorie intermédiaire (les différentes nuances de « Clairs ») qui multiplient à dessein les types comme pour à la fois se procurer un plus grand nombre d'opportunités de se rapprocher de la catégorie la plus valorisée et dresser le plus de barrières possibles à leur rapprochement avec le groupe le plus méprisé.

Devant le foisonnement et, encore une fois, la complexité dont témoignent les processus d'identification ayant cours dans les sociétés antillaises, toutes choses dont nous sommes convaincu qu'elles ne sont pas l'apanage de ces sociétés, on ne peut que se dire qu'il serait vain de prétendre enfermer l'étude de tels processus dans la camisole de force des « questions fermées » des grandes enquêtes quantitatives. Ces enquêtes ont d'immenses mérites, notamment celui d'être les seules à pouvoir peser le poids relatif de bien des phénomènes sociaux et d'estimer précisément la représentativité de liaisons causales simples. Mais, dès lors que, comme nous l'avons indiqué plus haut, la priorité est à accorder à la connaissance de processus complexes et non à l'estimation statistique précise de grandes masses, il apparaît évident que c'est vers les moyens plus souples d'une investigation plus fine qu'il convient de se tourner.

Les recensements comme instrument politique (un bref aperçu des exemples étrangers)

Elena Filippova

The fiction of the census is that everyone is in it, and that everyone has one – and only one – extremely clear place.
Anderson (2006)

Parmi les différents instruments statistiques, le recensement de la population occupe une place singulière. Grâce à son caractère universel et systématique, il s'est imposé comme principal fournisseur des données « objectives » qu'un pays offre aux observateurs extérieurs, mais aussi à sa propre société. En regardant dans ce miroir, une nation se découvre elle-même et finit par se reconnaître dans l'image qu'il lui montre.

La division statistique de l'Onu propose, à titre de recommandation, une liste des thèmes qui peuvent être abordés par le recensement. *Ethnicité* y figure au titre d'option. Et pour cause. Le document de l'Onu évoque le caractère subjectif et multidimensionnel du terme « ethnicité », sa variabilité et les difficultés d'interprétation des données récoltées. Il met en garde contre les codifications et les classifications préalables à la collecte des données qui ont tendance à réduire la diversité des appartenances. Il finit par conclure : « *Since countries collect data on ethnicity in different ways and for different reasons, and because the ethno-cultural composition of a country could vary widely from country to country, no internationally relevant criteria or classification can be recommended*»[1].

Pourtant les pays qui utilisent les catégories ethniques ou/et raciales pour classer leurs populations ne sont pas rares : ainsi, selon la base des données de l'ONU[2] dans les années 1995-2004, 95 pays parmi 147 ayant mis à la disposition de la Division statistique les questionnaires de leurs recensements interrogeaient leurs habitants sur cette forme d'appartenance/origine. C'est notamment le cas de 14 pays de l'Europe des 27, presque tous des nouveaux entrants de l'Est et du Sud-Est à savoir la Bulgarie, Chypre, l'Estonie, la Grèce, la Hongrie, l'Irlande, la Lettonie, la Lituanie, la Pologne, la République Tchèque, la Roumanie, le Royaume-Uni, la Slovaquie, la Slovénie. Parmi les 56 pays qui ont rendu publics leurs questionnaires pour la future série de recensements en 2010, 26 posent une question sur l'ethnicité.

Certains pays ont une longue tradition de catégorisation « ethno-raciale », ce qui permet d'en évaluer les conséquences ; d'autres ne les ont introduites que récemment. Il est significatif que durant les dix dernières années, plusieurs pays ayant une assez longue tradition de statistiques ethniques aient entrepris d'importants changements du questionnaire de recensement dans la partie concernant les critères « ethniques », ou soient en train d'en discuter. Les

1. Department of Economic and Social Affairs. Statistics Division. Principles and Recommendations for Population and Housing Censuses. Revision 2. United Nations, New York, 2008, asdf ST/ESA/STAT/SER.M/67/Rev.2. Statistical papers Series M No. 67/Rev.2.

2. <http://unstats.un.org/unsd/demographic/sources/census/censusquest.htm>.

débats qui accompagnent ces prises de décision apportent de précieux éclaircissements quant aux enjeux politiques de divers acteurs sociaux qui se cachent derrière.

Catégorisations imposées : *divide et impera*

Le plus souvent, une catégorie « centrale », au sens sociologique de ce terme, se distingue des « minorités » et se donne avec les catégories ethniques un instrument pour les contrôler politiquement. Une telle approche n'appartient pas seulement au passé. Elle est repérable dans les recensements actuels à travers le monde entier.

Les catégories d'observation diffèrent d'un pays à l'autre. On trouve dans les questionnaires un vaste éventail des termes tels que « race », « ethnicité », « groupe ethnique », « culture », « peuple », « tribu », « caste », « nationalité », « groupe indigène », « peuple autochtone », jusqu'à « couleur » ou « phénotype », etc. L'utilisation des termes est ambiguë : les mêmes appartenances/origines peuvent être considérées comme raciales, ethniques ou religieuses. Ainsi, les juifs en URSS et en Russie postsoviétique ou les musulmans en Bosnie et Herzégovine ont un statut de groupes ethniques ; à Singapour, « ethnicité » est assimilée au « dialecte » ; les questionnaires de Zambie et Zimbabwe proposent comme des réponses possibles aux questions « ethnicité »/« origine ethnique » : « Africain », « Européen », « Asiatique », « Américain », « race mélangée ». Sous le même terme « ethnicité » peuvent être englobées des catégories de nature très différente : au Belize, par exemple, sont mises sous la même enseigne « ethnicité » des catégories raciales *(Black African, Caucasian White, Mestizo)*, nationales *(Chinese, Spanish)*, religieuses *(Mennonite)*, et les groupes aborigènes *(Garifuna, Maya Ketchi, Maya Mopan, Maya Yucatec)*. « Nationalité » peut aussi bien signifier « ethnicité » que *«citizenship»:* le questionnaire polonais précise notamment: «à ne pas confondre avec citoyenneté»; d'autres pays, comme l'Estonie, la Lettonie et la Slovénie emploient la définition «nationalité ethnique».

Les États-Unis utilisent à la fois une catégorie «origine ethnique» (pour désigner, en réalité, l'origine nationale, comme en témoignent les exemples fournis: *Italian, Dominican, Haitian, Korean, Lebanese, Nigerian, Mexican, Taiwanese, and so on*), et une catégorie «race», offrant parmi des réponses possibles, à côté de *White* et *Black: Chinese, Japanese, Korean, Vietnamese.* La distinction entre les deux n'est pas claire: pourquoi classer *Nigerian, Mexican* ou *Taiwanese* dans «ethnies», tandis que *Japanese, Vietnamese* ou *Chinese* sont classées dans «races» (sans parler de «*Korean*» que l'on trouve dans les deux séries de dénominations)? En supplément à ces deux catégories, il en existe une troisième qui n'est qualifiée ni d'ethnicité ni de race, à savoir, *Spanish/Hispanic/Latino.* Pourquoi introduire cette catégorie à part, à quoi sert-elle, si ce n'est à séparer «*Whites*» «into those considered Whites (acceptable) and those Whites of Spanish/Hispanic/Latino background (not acceptable)»? Par conséquent, «the term "White" refers exclusively to Anglos, Aryans and Caucasians. Persons of Spanish/Hispanic/Latino background and anyone with any amount of non-White blood get relegated to the status of "minority" or person of colour» (Cruz-Janzen, King & Wardle, 2003).

Cet exemple met en évidence le fait que l'ethnicité elle-même peut avoir des acceptions différentes: soit culturelle, soit biologique. En conformité avec cette dualité, les individus sont invités à décliner soit leur «appartenance» *(belonging),* soit leurs «origines» *(ancestry).*

De façon moins attendue au Brésil la race ou la couleur renvoient plutôt à l'appartenance qu'aux origines: la personne identifiée comme blanche peut bel et bien avoir des ancêtres noirs. Hormis la couleur de la peau et les traits phénotypiques, interviennent dans l'identification raciale des facteurs sociaux, tels que le niveau d'études, la fortune, le sexe, etc. (Bailey & Telles, 2006).

Malgré une vision « souple » de l'identité qui s'imposerait de plus en plus dans l'anthropologie depuis les années 1970, force est de reconnaître que dans la plupart des cas les questions sur l'ethnicité dans les recensements sont brèves et directes, une mince minorité des pays seulement tenant compte de la subjectivité du sentiment d'appartenance (parmi ces derniers citons notamment la Hongrie, qui utilise la formulation « auxquelles de ces nationalités croyez-vous appartenir »). L'ordre dans lequel la question de l'ethnicité apparaît dans un questionnaire est aussi significatif: souvent elle est directement suivie ou précédée par des questions sur la langue et l'appartenance religieuse, ce qui laisse transparaître l'idée que l'ethnicité résulte moins d'un choix subjectif que de caractéristiques « objectives ».

De même, rares sont les pays qui reconnaissent les appartenances multiples. On peut citer le Canada, où il est possible d'indiquer jusqu'à quatre catégories, ou encore la Nouvelle-Zélande. D'autres pays ont créé des catégories « multiethniques », comme par exemple « *mixed* », « *mestizo* », « *mulatto* ». Les États-Unis ont offert pour la première fois la possibilité de se définir à travers une multi-appartenance en 2000. Cependant, comme le montre une étude récente, cette option n'est qu'une illusion de flexibilité : « US Bureau of the Census admits that an individual of mixed White (Anglo/Aryan/Caucasian) and some other "minority" race would still be allocated to the minority race… The Rule of Hypodescent relegates anyone of multiethnic and/or multiracial heritage to the group with the lowest or subordinate status in society» (Cruz-Janzen, King & Wardle, 2003). En Russie, en 2002, la proposition de permettre aux personnes recensées de déclarer une appartenance multiple a été repoussée par le gouvernement, et il est peu probable qu'elle soit acceptée en 2010.

Plusieurs pays ne catégorisent en termes ethniques que les groupes pouvant bénéficier de la discrimination positive. C'est le cas de l'Inde, ou seules sont prises en compte les castes et les tribus répertoriées connues autrefois comme intouchables, bénéficiant aujourd'hui d'un traitement préférentiel, ou de certains pays de l'Amérique latine (notamment la Bolivie, le Chili, le Guatemala, le Mexique, etc.) qui recensent les groupes indigènes.

Catégorisations revendiquées : se faire compter pour être pris en compte

Curieusement, les groupes minoritaires eux-mêmes prônent souvent le maintien de ces catégories arbitraires, puisque dans une société où les relations sociales sont influencées par les représentations ethno-raciales ils se voient contraints de mobiliser leur identité minoritaire pour combattre le système qui les discrimine, notamment en s'appuyant sur les dispositifs proposés par l'Onu et d'autres instances internationales. Le fait que l'accès à certains avantages passe par l'appartenance à une catégorie officiellement reconnue favorise d'une part l'inscription des individus dans ces catégories (ce qui les pérennise) et, d'autre part, la revendication d'une telle reconnaissance (ce qui contribue à la décomposition d'une nation). Le nombre des catégories ethniques reconnues augmente, et en même temps les effectifs de certains groupes varient considérablement en fonction de la conjoncture politique.

Ainsi, la décision, prise en Russie en 1997 après de longues et violentes discussions, de supprimer la mention de l'appartenance ethnique dans les fiches d'état civil et dans les passeports internes a suscité de fortes protestations de la part des élites « ethniques », qui ont vu dans cette démarche une tentative de nier l'existence même des « ethnies » et par la suite une remise en cause du fédéralisme ethnique. En Inde, les *lobbies* des intouchables refusent toute dilution du système des quotas d'emplois liés à l'idée de caste (Agrawal, 2007). Aux États-Unis (comme en Russie et ailleurs), le classement des populations selon les critères ethno-raciaux est vigoureusement soutenu par des associations de protection des droits de l'Homme, craignant de perdre leur poids politique et leurs financements si l'objet de leur sollicitude disparaît.

Au Brésil, une catégorie « *brown* », en usage officiel depuis 1940, est actuellement remise en cause, à partir de deux perspectives opposées. La première envisage de lui substituer une catégorie « multiraciale », *moreno,* dans laquelle se reconnaît une grande partie de la population, surtout appartenant aux couches sociales modestes et habitant les régions du Nord du pays, où la proportion de « Blancs » est la plus faible. D'autre part, les militants noirs et certains universitaires et fonctionnaires du gouvernement fédéral prônent l'introduction d'une catégorie mono-raciale *negro,* en avançant comme argument qu'elle permettrait de rendre plus évidentes les inégalités raciales et de mieux les combattre. Se montrent favorables à se classer dans cette catégorie des personnes au niveau d'études et au statut social plutôt élevés, avec la peau la plus foncée. Ce profil contredit une tendance observée précédemment, quand l'ascension sociale était associée à l'identification avec la culture européenne, et témoigne de l'influence du mouvement international de la négritude.

Les porte-parole des groupes minoritaires revendiquent parfois l'introduction des catégorisations ethniques dans les pays où cela n'a jamais été pratiqué. Les retombées d'un tel changement peuvent aller bien au-delà des aspirations initiales. L'exemple irlandais en est révélateur.

En 1996, une association, *Pavee point*, porte-parole d'une population nomade autochtone, les *Irish Travellers*, a déposé auprès du Bureau central de la statistique (Cso) une demande de prise en compte. Le Cso a donné suite à cette demande et rajouté dans le questionnaire du recensement de 2001 la question : « Are you a member of the Irish Traveller community ? »

Cette catégorisation n'a satisfait qu'en partie la *Pavee point:* leur enjeu était surtout d'être reconnu en tant que minorité ethnique parmi d'autres, ce qui devait leur permettre de bénéficier des droits particuliers. En se référant aux pratiques de l'Irlande du Nord, de la Grande-Bretagne et d'autres « pays développés », l'association a exigé que les minorités immigrées, mais aussi les Irlandais d'origine étrangère, soient catégorisés et comptés. Au fil des débats publics qui ont précédé le recensement de 2006, la question a profondément changé. Elle porte désormais sur les « origines »/ *background* ethniques ou culturelles, mais les modalités de réponse qui combinent les catégories *White*, *Black*, *Asian*, avec des sous-catégories *Irish* et *Irish Traveller* ne laissent aucun doute au sujet de l'acception raciale de l'ethnicité.

Cette prise de conscience raciale s'est traduite lors du référendum de 2004 dans la restriction d'accès à la nationalité irlandaise, fondé dorénavant principalement sur le *jus sanguinis*. « The racial distillation of Irishness (*read here as whiteness*) will be purified through these policies and perpetuate obsession with rules of descent, *i.e.* race », écrit un auteur irlandais (King-O'Riain, 2007).

On peut constater donc qu'à travers le monde, les catégorisations dites « ethno-raciales » traduisent des tentatives de définir un élément difficilement saisissable, relevant surtout de l'étrangeté et de l'infériorité. Les termes « race » ou « ethnie » sont le plus souvent réservés aux minorités ou aux « populations de couleur ». Les catégories en question sont non seulement confuses, arbitraires et superficielles, mais aussi rigides et simplificatrices. De par sa nature, la classification associée à la quantification systématique produit des groupes perçus comme homogènes, constitués d'individus identiques ; elle cache les différences individuelles derrière une image stéréotypée du groupe.

Ce qui est dit est vrai non seulement pour les catégorisations imposées, mais aussi pour les catégorisations revendiquées. En réduisant la notion de la diversité à la diversité « ethnique » ou « raciale », ces catégories bloquent l'analyse des mécanismes de l'exclusion. Aspirant aux bénéfices immédiats de traitements préférentiels, les partisans des quotas et des droits collectifs particuliers contribuent à l'essentialisation et à l'institutionnalisation de la différence, au maintien de l'inégalité et du potentiel conflictuel. La vitrine d'une « diversité », représentée par la fine couche d'une élite « ethnique », masque le sort de milliers de citoyens « de base » qui n'aspirent pas à l'entrée aux grandes écoles, mais à l'emploi stable, au salaire correct et au logement décent.

Diversité des classifications, richesse des histoires et des territoires

Alain Blum

Pourquoi s'opposer à l'introduction de mesures qui sont d'usage courant ailleurs ? Les États-Unis, le Canada, la Grande-Bretagne, la Russie, pour ne citer que quelques pays, usent à loisir de catégories ethniques, nationales ou raciales sans susciter d'hostilité particulière, entend-on très souvent. Y aurait-il une réticence bien française qui tiendrait, selon ses détracteurs, à un conservatisme bien particulier des élites ? Sous couvert d'un républicanisme conservateur et aveugle aux inégalités, les lois françaises aussi bien qu'une partie du monde scientifique masqueraient une vérité criante. Une position de principe irait ainsi contre une évidence dont la science doit s'emparer.

L'argument est de poids, d'autant plus que le débat est ancien. Déjà, au XIXe siècle, les statisticiens français s'étaient opposés à l'introduction dans le recensement de catégories raciales, comme il était usage de dire alors. Si des théoriciens de la classification raciale ne manquaient pas alors (de Gobineau à Vacher de Lapouge, mais aussi à l'anthropologie physique de Broca, les Français n'ont pas été en reste pour assurer la scientificité d'une classification raciale des peuples), les statisticiens ont tenu une ligne bien différente. Les références internationales qu'on leur opposait alors n'étaient ni américaines ni britanniques, mais austro-hongroises et russes.

Cette ancienneté du débat donnerait-elle de l'eau au moulin de ceux qui dénoncent un conservatisme archaïque ? Y aurait-il un héritage entre ceux qui se refusent à classer les appartenances ethniques aujourd'hui, et ceux qui se refusaient à penser en terme racial ou ethnique autrefois, tous aussi bien hier qu'aujourd'hui enfermés dans une pensée républicaine du XIXe siècle qui veut faire croire à l'unité de la nation française et en nier la diversité ?

Pourtant, quelques points suggèrent qu'il n'en est rien. Les statisticiens des années 1870 ne nient pas la diversité d'alors, évoquant Bretons ou Auvergnats comme faisant partie de cette diversité et de la nation. Ils suggèrent juste que ces populations ne peuvent être distinguées dans la statistique, mais peuvent être étudiées par bien d'autres approches. La diversité est reconnue, et bien présente dans leurs déclarations ainsi qu'au sein du territoire.

Il est alors nécessaire de faire une telle archéologie des pratiques pour comprendre que l'argument d'évidence : « Ici on utilise de telles catégories, donc cela est possible là », ne tient pas. Car les catégories de représentation font partie d'une histoire et n'ont pas un caractère absolu. Seuls les savants du XIXe siècle ont espéré arriver à une classification raisonnée et universelle, car ils pensaient en termes de race et de hiérarchie de races. Depuis, les classifications des personnes n'ont jamais eu un caractère d'absolu. Elles sont simplement l'expression du fonctionnement d'une société, des formes de représentations, d'une histoire des ségrégations. Les classifications utilisées aux États-Unis tiennent avant tout à la ségrégation raciale, à la distinction au milieu du XIXe siècle entre esclaves africains, population immigrée européenne et population indienne. C'est pour cela que les recensements ont d'abord distingué les Noirs des autres, pour ensuite, sur cette base, peu à peu, alors que l'esclavage était plus lointain et que les origines des immigrés américains se diversifiaient, éclater les catégories en de multiples classements, jusqu'à, aujourd'hui, permettre les identités multiples et surtout remettre en cause une classification qui ne permet plus de refléter une réelle diversité de la population américaine. Cette critique est l'aboutissement d'une forme de dépérissement d'une classification raciale.

Les classifications utilisées en Russie sont, elles, héritières de cette pensée scientiste d'un État impérial devenu colonial, qui, à la faveur de la Révolution, voulut rationaliser à l'extrême la description des populations tout en niant, à partir des années 1930, le caractère social des différences. Les ethnologues secondèrent les statisticiens pour produire des classements qui fondèrent l'administration politique du territoire soviétique. La classification ethnique, qui conduisit à produire entre 150 et 200 groupes en 1926, fonda l'administration du territoire et une politique de discrimination positive qui anticipa bien des politiques menées ensuite ailleurs dans le monde. Ainsi, elles sont à la base d'une gestion ethnique du territoire et du politique. Elles fondent un État issu de la Révolution, à la fois en continuité et en rupture avec l'État impérial russe, colonisateur. De façon intéressante, elles rejettent la classification raciale, pour privilégier une approche ethnographique dans laquelle les dimensions linguistique et culturelle sont fortement présentes.

Ces deux exemples montrent à quel point ces classifications sont ancrées dans des histoires particulières et ne sont pas exemplaires. Elles démontrent, simplement, qu'on ne peut les prendre comme exemples ni qu'on peut leur accorder un caractère acceptable, voire universel, ni qu'elles donnent sens.

On nous dit aujourd'hui qu'il n'est point question de référentiel ni d'imposition de catégories aux personnes, puisqu'on revendique un anonymat, un volontariat et surtout que chacun dit ce qu'il pense être. L'idée de « ressenti d'appartenance » a ainsi surgi depuis peu, comme la clé à tous les problèmes. Une idée nouvelle au profit d'une approche scientifique moderne de la question ? Il n'en est pourtant rien, tout au contraire. La question du « ressenti d'appartenance » est elle-même déjà très ancienne, puisqu'au XIXe siècle, ceux qui défendaient la statistique ethnique l'ont fait aussi sur le « ressenti ». Il s'agit là juste d'une distinction qui se dégage des principes de la statistique qui furent alors établis : ce n'est pas à l'enquêteur de dire qui est qui, mais bien à l'enquêté de dire qui il est, même si l'enquêteur ou le statisticien transforme ensuite ce que dit l'enquêté. Dans les recensements soviétiques, on demandait « à quelle nationalité [au sens de groupe ethnique] pensez-vous appartenir ? ». Aux États-Unis, chacun déclare ce qu'il pense ou souhaite être, et de nombreux travaux ont montré l'instabilité des réponses d'un recensement à l'autre.

Ces expériences montrent clairement à quel point le travail de recodage, et donc d'imposition, est considérable et transforme un ressenti en référentiel. Ce qu'on nomme « dictionnaire » des nationalités, dans les recensements soviétiques, constitue des listes composées de près d'un millier, parfois plus, de dénominations, dites par les personnes recensées, dénominations que les statisticiens décident de replacer dans 100 à 200 catégories admises. Il est vrai que nombreux sont ceux qui voulaient se désigner par la vallée où ils habitaient, par la religion, etc. Cette multiplicité, véritable expression d'une diversité qui dépasse la pensée des statisticiens, ne convient pas à ces derniers car elle ne peut être présentée de façon satisfaisante. Ils décident donc d'établir des correspondances qui notifieront, par exemple, qu'une personne se disant « musulmane » dans une région habitée essentiellement par des Ouzbeks sera en réalité ouzbèque.

Une autre façon d'imposer consiste à proposer des exemples. Pour préciser une question plus que floue (Que ressentez-vous être ? Quel est votre ressenti ?... !) on donne quelques exemples qui permettent à l'enquêté de répondre. Mais cela oriente, bien évidemment, les réponses qui se focalisent sur ces exemples.

Une fois imposées, les catégories deviennent d'usage plus courant car, ensuite, chacun découvre la manière dont la population est décrite. Elles se figent, sauf s'il y a un bouleversement profond de la population. Aux États-Unis, les Hispaniques ont imposé leur présence, car l'immigration en provenance d'Amérique latine était devenue trop importante pour ne pas jouer un rôle considérable. Mais ils furent insérés de façon étonnante, ce ne fut pas une nouvelle catégorie de race, mais une question subsidiaire (Vous considérez-vous comme hispanique ? À quelle race appartenez-vous ?). En Urss, les fluctuations politiques et les jeux permanents entre centre et périphérie ont très souvent conduit à des remaniements, suppressions ou créations de groupes, alors que les populations ne bougeaient guère mais que seuls les fragiles équilibres politiques bougeaient.

À nouveau, les histoires sociales et politiques sont déterminantes. Mais pourquoi alors les Britanniques introduisirent-ils, si tardivement, en 1981, de telles catégories ? Sans doute parce que le débat, qui s'est déroulé un peu comme en France, a pris en compte une organisation des populations bien plus marquée par des logiques communautaires. Sans doute aussi parce que l'influence américaine y est très forte, et encore renforcée dans la communauté scientifique. On ne peut faire abstraction d'un marché scientifique dominé par les Anglo-Saxons (les revues américaines sont les plus prestigieuses, les fonds américains les plus importants), imposant leurs catégories au détriment d'une pensée qui tient compte d'une réelle diversité sociale, institutionnelle et des histoires diverses. Pour publier dans des revues sociologiques américaines, il est utile d'user de leurs approches. Les financements européens imposent aussi de plus en plus de telles perspectives, influencées par ces approches.

Il n'y a donc rien à voir entre ces diverses histoires. Celle de la France tient à une histoire migratoire combinée à une histoire coloniale. Or cette combinaison fait que le déterminant principal exprimant cette diversité est bien la migration. Les représentations coloniales ont été marquées par des territoires constitués possédant des statuts très différents les uns des autres. L'Algérie et le Maroc n'ont jamais été soumis au même régime colonial, et les migrations qui suivirent la décolonisation en furent aussi marquées. L'Afrique occidentale française constituait un tout autre ensemble, gouverné bien différemment. Par ailleurs, les migrations couvrant tout le XIXe siècle ne sont pas simplement coloniales. Elles furent belges, italiennes, russes, polonaises, etc. durant l'Entre-deux-guerres, espagnoles et portugaises dans l'immédiat après-guerre, avant de devenir algériennes, marocaines ou sénégalaises. Les origines nationales furent très importantes, car souvent les politiques migratoires différaient à travers des accords entre la France et les différents pays. Bien entendu, les représentations coloniales le furent aussi. Mais il n'y a là rien de déterminant qui tienne à des questions de race ou de couleur de peau.

La diversité est justement dans la combinaison de toutes ces origines.

Il n'est donc pas surprenant que le second moment fort du débat en France, dans les années 1990, ait porté sur l'immigration. À l'époque, nombreux étaient ceux qui s'étaient opposés à une vision ethnique de la société, alors que d'autres, qui s'inquiétaient de l'importance de l'immigration en France et évoquaient des difficultés d'intégration, souhaitaient introduire de telles variables. Le débat avait alors permis de clarifier une vision qui portait sur les lieux de naissance, et une autre sur une construction ethnique qui n'avait d'ethnique qu'une distinction étonnante entre les immigrés nés hors d'Europe et ceux nés en Europe. Il avait eu aussi le mérite de clarifier les questions de sources statistiques : le recensement n'est pas une enquête sociologique, il a pour objectif d'aider à la gestion locale, régionale et nationale des populations. Introduire des renseignements sur les origines n'avait guère de sens. En revanche, l'importance de la migration dans le débat était apparue clairement.

Le débat d'aujourd'hui en reprend les mêmes termes, mais, sous couvert d'étude de la discrimination, semble oublier ces conclusions. Or il faut bien partir des années 1990 pour répondre aux questions évoquées ci-dessus : la diversité du peuplement est bien celle de l'inscription, dans des territoires, de personnes ayant des parcours migratoires complexes, ou dont les parents ont eu des parcours migratoires complexes : c'est donc bien dans la reconstitution de ces trajectoires que l'on peut étudier cette diversité. Cela permet également de réinsérer l'ensemble des migrations de peuplement dans ces questions : internationales aussi bien que nationales, anciennes aussi bien que récentes. Cela permet aussi de prendre en compte la combinaison des parcours, la mixité et le métissage au sens large, la multiplicité des origines qui fonde la diversité.

À une histoire du peuplement, institutionnelle, sociale, correspondent une ou plusieurs classifications. L'argument d'autorité de l'usage d'une autre classification, en des pays ayant des histoires différentes, ne tient pas.

Les classifications se suivent mais ne se ressemblent pas

Hervé Le Bras

Les partisans des statistiques ethniques affirment souvent que leur classification est une parmi d'autres, celles des statistiques socio-professionnelles, des statistiques de nationalité, de sexe, d'âge, de handicap, etc. Puisque l'on recueille toutes ces statistiques, pourquoi ne pas mesurer aussi l'appartenance ethnique ou, dans le jargon de leurs promoteurs, le « ressenti d'appartenance » et en tirer des statistiques ? C'est commettre un sophisme grossier. L'ensemble des classifications existantes ou à venir ne présente en effet aucune unité qui permette d'énoncer des propositions générales, valables pour toute classification. Ludwig Wittgenstein (1988) l'a clairement démontré dans ses recherches philosophiques. Il en a donné un exemple avec le mot « jeu ». Entre le jeu de paume, le jeu d'une fenêtre dans son embrasure, le jeu de la lumière sur les flots et beaucoup d'autres « jeux », on ne trouve aucun point commun et, en conséquence, on ne peut émettre aucune proposition générale, vraie pour toutes les sortes de jeux. Il en est de même avec les classifications. Leur seul point commun est de comporter plusieurs catégories distinctes entre lesquelles les objets ou les personnes seront répartis univoquement, c'est-à-dire que chaque objet ou personne sera rangé dans une catégorie et une seule. Aucune conséquence générale ne découle de cette opération. La manière dont la discrimination entre les catégories d'une classification peut être mise en évidence et corrigée varie ainsi très largement selon la classification considérée.

Dès que l'on détaille les caractéristiques des classifications et de la discrimination, les différences sautent aux yeux. Le cas du handicap en offre une première illustration. Les catégories du handicap ne posent pas de problème de définition formelle puisqu'elles sont régies par la loi du 10 juillet 1987, qui distingue les accidentés du travail avec un taux d'incapacité permanente de plus de 10 %, les personnes reconnues par la Commission technique d'orientation et de reclassement professionnel (COTOREP) comme travailleurs handicapés, les invalides pensionnés de la sécurité sociale et les mutilés de guerre. Les différentes instances de classement ont été regroupées en un guichet unique – les commissions des droits et de l'autonomie des personnes handicapées (CDAPH) –, par la loi du 11 février 2005. La même loi fait obligation aux entreprises de plus de vingt salariés d'employer 6 % de handicapés, donc d'appliquer un quota. À défaut, l'entreprise doit verser une compensation à un fonds d'insertion professionnelle des handicapés. Cette alternative est inévitable du point de vue de la libre concurrence, car l'emploi d'un handicapé est susceptible d'engendrer un surcoût pour l'entreprise soit en raison d'installations spécifiques, soit pour un plus faible rendement, ce qui la désavantage par rapport à ses concurrentes. La taxation de l'entreprise qui n'emploie pas de handicapés compense théoriquement ces coûts supplémentaires.

Peut-on transposer les caractères de cette classification à une classification ethno-raciale ? On constate immédiatement que rien ne colle.

Les catégories ethno-raciales

Contrairement aux catégories de handicap, aucune loi n'a défini des catégories ethno-raciales, et le commissaire à la Diversité a plusieurs fois dit qu'il n'était pas question de les fixer par la loi. Peut-on considérer que l'engagement d'une personne appartenant à une catégorie ethno-raciale particulière entraînerait un coût supplémentaire pour l'entreprise et justifierait le versement d'une compensation par celles qui n'atteindraient pas leur quota comme pour le handicap ? Ce serait injurieux à l'égard des catégories considérées, et dangereux pour leur avenir, car elles seraient marquées d'un stigmate. Ce serait aussi nier toute possibilité d'intégration et d'égalité entre ces catégories, donc contredire l'article premier de notre Constitution qui instaure l'égalité. D'un point de vue pratique, comment serait fixé le quota (l'équivalent du 6 % de handicapés) en l'absence d'un recensement national des catégories ? On connaît en effet le nombre des handicapés de chaque catégorie, non celui des membres de chaque catégorie ethno-raciale – pour autant qu'elles aient été définies. La classification des handicapés et les dispositifs visant à empêcher leur discrimination ne peuvent donc pas être transposés à une classification ethno-raciale.

Peut-on alors rapprocher une classification ethno-raciale d'une classification des étrangers ? Rappelons d'abord cette évidence réaffirmée par Étienne Balibar (1988) : « Jamais une nation ni un État n'ont coïncidé avec un groupe ethnique. » Les différences sont d'ailleurs patentes. Les nations forment un ensemble bien défini, celui des États disposant d'un droit de vote aux Nations unies. Comme on l'a constaté ci-dessus, les groupes ethno-raciaux ne sont pas définis. Même s'ils étaient institués par une loi, ils n'auraient pas une valeur universelle tandis que les États l'ont : tout État fait référence aux États reconnus par les Nations unies tandis que les classifications ethno-raciales, là où elles existent, sont particulières et très dissemblables. Une autre différence importante, et souvent négligée, est la possibilité de changer de nationalité alors que le changement de groupe ethno-racial est impossible : un Noir, un Asiatique, un «*spanish speaking*» le sont pour la vie aux États-Unis de même qu'un Bachkir, un Toungouze ou un juif en Russie. C'est toute la différence entre étranger et immigré que l'on a sous-estimée en France quand la seconde catégorie a été imposée dans les statistiques : on est immigré à vie, sans changement possible, comme s'il s'agissait d'un caractère physique, taille, frisure des cheveux, couleur des yeux ; mais on peut acquérir une nationalité différente de celle que l'on possède. Enfin, les nationalités étrangères ne sont pas susceptibles de recevoir des droits spéciaux pour cause de discrimination. Au contraire, elles sont discriminées explicitement, car légalement, dans de nombreux domaines. Il a fallu mener de longs combats pour que les étrangers résidents obtiennent l'égalité salariale, les droits sociaux, les bourses pour leurs enfants. Ils restent discriminés dans un domaine essentiel, celui de la vie politique, puisqu'ils sont privés du droit de vote. Les syndicats ont d'ailleurs toujours pris comme position que le travail crée des droits universels.

Le sexe, alors ? Peut-on comparer les discriminations selon le sexe aux discriminations selon la race et l'ethnie comme les zélateurs de la diversité le proposent souvent ? Contrairement aux catégories ethno-raciales, le sexe représente une catégorie bien définie et presque universelle : inscription à l'état civil, caractères précis (que l'on prenne le chromosome Y, les caractères sexuels secondaires ou le sentiment d'appartenance (genre), le recoupement dépasse

99 %). Il n'est pas nécessaire de mener des enquêtes statistiques car la parité en fait office (même si le nombre exact de femmes du groupe de référence est plus élevé que celui des hommes, par exemple, dans le corps électoral). D'autre part, en raison du caractère aléatoire du sexe à la naissance, la catégorie de sexe est indépendante des autres. La proportion de naissances féminines est en effet la même quelle que soit la classe sociale, l'origine géographique ou les traits physiques. L'introduction de la parité viole cependant l'article premier de la Constitution, ce qui a nécessité une révision. Il en serait de même pour l'introduction de catégories ethno-raciales dont le contenu devrait être précisé dans la Constitution comme les catégories d'« hommes » et de « femmes » l'ont été.

Les catégories sociales

Puisqu'on étudie sans obstacles juridiques l'origine sociale (profession des parents), pourquoi pas l'origine ethno-raciale ? Contrairement au handicap, à la nationalité et au sexe, mais comme la catégorie ethno-raciale, la catégorie professionnelle n'est ni évidente ni définie par des institutions précises. Depuis l'étude fondatrice de Lloyd Warner (1960), trois moyens sont utilisés pour les déterminer : directement en questionnant la personne, indirectement en questionnant des personnes qui connaissent la personne, et empiriquement en tenant compte du revenu, du quartier de résidence et du niveau d'éducation. L. Warner montre que les trois méthodes, directe, indirecte et objective, conduisent à des résultats sensiblement divergents, ce qui montre la fragilité de tels classements. Après la Seconde Guerre mondiale, d'ailleurs, l'INSEE a préféré utiliser la seule méthode directe en affinant ses critères objectifs (profession déclarée, qualification, secteur d'activité, type de contrat, revenu). Utiliser les trois critères de Warner permet d'identifier des différences collectives, mais ne peut servir à des assignations individuelles. Trois méthodes voisines sont également en lice pour construire des catégories ethno-raciales, mais elles constituent des caricatures des trois méthodes de Warner.

À la méthode directe correspond le « ressenti d'appartenance », terme fourre-tout car on ne précise pas de quelles appartenances il est question, ce qui sème la confusion. Ainsi, le conseil représentatif des associations noires (CRAN), par la voix de son président Patrick Lozès, estime qu'il s'agit de signes visibles – donc raciaux, tandis que pour Édouard Pellet, responsable de la diversité à France télévision, qui est d'origine algérienne, l'appartenance est définie par les origines géographiques et nationales (lieu de naissance de l'individu et de ses parents, et leur nationalité).

À la méthode indirecte, correspondent des questions du type « quelle appartenance pensez-vous que les autres personnes vous attribuent ? ». Cette question repose sur une double appréciation psychologique, ce que pense l'individu et ce qu'il pense que les autres pensent. La réponse dépend du lieu, du moment, de l'humeur et surtout de qui sont les mystérieux « autres ».

La méthode objective, parfois qualifiée d'hétéro-évaluation, combine le critère de nationalité et le critère d'origine géographique. Les équivalents du revenu, de la résidence et de l'éducation deviennent les nationalités, les religions ou les langues vernaculaires de la personne interrogée, de ses parents et de ses grands-parents. Cette méthode a été appliquée par l'enquête sur l'intégration dite MGIS de l'INED-INSEE, menée en 1994, en utilisant le critère de la langue la moins fréquente parlée dans l'enfance (pour écarter le français quand il était pratiqué avec une langue étrangère) et de la nationalité à la naissance. Ses résultats souvent risibles ont été largement critiqués (Blum, 1998 ; Le Bras, 2007). Les méthodes généalogiques ont été utilisées par le régime nazi pour repérer les juifs (protocole de Wannsee en 1941) et par les États américains ségrégationnistes, jusqu'au milieu des années 1950, selon la « *one drop rule* », c'est-à-dire qu'est réputée noire toute personne qui possède au moins un ancêtre noir, quel que soit le nombre de générations l'en séparant (étant donné la théorie actuelle de l'Ève africaine et du berceau africain d'*Homo sapiens sapiens,* nous sommes tous Noirs à ce titre).

Classification

Même s'il existe quelque parenté formelle entre les critères qui permettent de définir des catégories socio-professionnelles et ceux que l'on propose d'utiliser pour des catégories ethno-raciales, on voit que les seconds sont une caricature des premiers pour une raison simple : les professions et les classes sociales constituent la structure de la société et s'expliquent par la division du travail, le mode de production et le régime de la propriété, tandis que les groupes ethniques ou raciaux ne s'intègrent à aucun ordre. Ils sont juxtaposés sans dépendance fonctionnelle autre que la généalogie souvent fantaisiste des langues, des traits physiques et des coutumes.

Ces défauts criants d'une classification ethno-raciale sont entretenus par une confusion entre des types idéaux et des catégories. Ce n'est pas parce que certains cas sont évidents et revendiqués que tout individu peut être rangé dans une catégorie déterminée. Nous pouvons distinguer des personnes qui correspondent au stéréotype de l'Africain, du Maghrébin, du Chinois. Mais cela ne signifie pas que tout individu peut être affecté à l'un de ces stéréotypes.

De la même manière, pour le caractère psychologique, nous pouvons désigner des personnes colériques, nerveuses, lymphatiques, introverties, mais nous ne pouvons pas ranger toute personne dans une des catégories de la caractérologie telle qu'elle se pratiquait au milieu du XXe siècle (Le Senne, 1945). Pour la même raison, nous ne pouvons donc pas établir une statistique de la fréquence des caractères psychologiques ni de celle des groupes ethno-raciaux.

La confusion entre les types et la catégorie repose sur un non-dit des partisans de la diversité : « Exprimez le plus librement possible votre ressenti d'appartenance » affirment-ils, mais ils ne précisent pas comment ces ressentis, nécessairement très divers et presque tous différents s'ils sont précis, vont être ensuite regroupés, sinon aucun tableau statistique ne pourrait être bâti. Quelles seront les règles du regroupement, quelles seront les classes retenues, comment seront-elles nommées ? Comment tiendra-t-on compte des ascendances mixtes (la proportion de mariages entre Français et étrangers en France est passée de 9 à 16 % entre 1997 et 2007) ? Mystère, car tout se passera dans le secret durant le codage des réponses. Demander ce fameux « ressenti » est donc *a priori* encore pire que produire une classification.

La confusion entre type et catégorie s'expose avec naïveté dans la critique que la pétition des partisans de la statistique ethnique adresse aux *testings* effectués par Sos-Racisme. Vous admettez l'existence de Noirs et de Maghrébins puisque vous utilisez ces catégories pour vos cv-tests, prétendent-ils. Admettre l'existence de Noirs et de Maghrébins, c'est reconnaître des types, mais nullement prétendre pouvoir classer chaque individu dans une catégorie représentée par l'un de ces types. Or seul un tel classement permettrait une statistique ethnique. C'est le vieux problème de l'induction illégitime : j'ai rencontré une

Anglaise rousse, donc toutes les Anglaises sont rousses. Ce qui donne dans le cas présent : il y a des Noirs, des Blancs, des Jaunes, des Maghrébins, donc toute personne est soit blanche, soit noire, soit jaune, soit maghrébine.

En résumé, la prétention à vouloir cataloguer des différences ethno-raciales repose sur une série de sophismes qu'il faut patiemment démonter un par un, ce qui suppose l'intervention de philosophes, de logiciens, de statisticiens mathématiciens, toutes spécialités absentes du COMEDD, mais présentes dans la CARSED – dont c'est l'une des raisons d'être.

Peut-on promouvoir les statistiques ethniques sans référentiel et sans impliquer la statistique publique, notamment le recensement ?

Stéphane Jugnot

Gérard Noiriel (2007), dans *Racisme : la responsabilité des élites*, oppose « la grosse machinerie administrative de l'INSEE ou de l'INED, laquelle fixe des catégories d'État peuvant être utilisées à des fins partisanes dans l'espace public » au travail d'équipes de recherche « qui élaborent leur *outillage privé*, adapté aux problèmes précis qu'elles veulent étudier ». Du côté des enquêtés potentiels, une enquête exploratoire de l'INED (Simon & Clément, 2006a) montre une réticence moins forte en cas d'utilisation par des chercheurs qu'en cas d'intégration de l'information dans le recensement ou, pire, dans des fichiers de gestion.

A contrario, le directeur général de l'INSEE, Jean-Michel Charpin, auditionné par la CNIL, début 2007, met en avant « le risque qu'en l'absence d'une intervention de la statistique publique se développe une statistique *sauvage* ou artisanale, ne présentant ni les mêmes garanties scientifiques ni les mêmes garanties déontologiques » (CNIL, 2007). Parmi ces garanties scientifiques, l'importance est d'analyser les réalités « toutes choses égales par ailleurs », car « les dimensions de la diversité sont très nombreuses ». Cette position reprend en fait celle de la revue *Économie et statistique*, développée par François Héran, alors directeur de l'Ined, lors de la réunion du conseil scientifique de la revue du 28 septembre 2005.

D'un côté est avancée l'idée que la statistique publique donne une force aux catégorisations qui deviennent alors un référentiel ; de l'autre, l'affirmation qu'elle est une garantie de rigueur dans l'utilisation et, même si ce n'est pas dit ici, une garantie de confidentialité des informations recueillies. Mais ce débat est en grande partie secondaire et factice. Secondaire, parce qu'il renvoie en réalité à des questions plus essentielles, souvent mises en avant par ceux qui s'opposent aux statistiques ethno-raciales et sur lesquelles les partisans de ces statistiques ont pu se vouloir, tactiquement, rassurants : l'existence d'un référentiel ethno-racial de la population, d'une part ; la généralisation de la collecte de cette information, notamment dans les fichiers de gestion des entreprises et dans le recensement, d'autre part.

Factice, parce que la statistique publique est un opérateur incontournable si l'on souhaite développer des statistiques de la diversité. Dans ce cas, tôt ou tard, elle sera au cœur du système, que ces statistiques s'appuient sur des variables objectives, comme la nationalité ou le pays de naissance de l'enquêté ou de ses parents, ou sur une catégorisation ethno-raciale subjective.

La statistique publique est un opérateur incontournable

Pour comprendre l'implication inévitable de la statistique publique, il faut partir des objectifs qui peuvent être assignés aux statistiques « de la diversité ». Au niveau de la société, il peut s'agir de mettre en évidence des inégalités structurelles globales, pouvant révéler des phénomènes discriminatoires. Au niveau des acteurs, il peut s'agir d'alimenter des rapports de la diversité dans des collectifs, notamment dans la perspective d'une politique de discrimination positive plus ou moins explicite.

S'agissant d'études structurelles globales

La réalisation d'enquêtes statistiques permettant l'étude de la diversité à un niveau global suppose des moyens financiers et techniques que des chercheurs peuvent difficilement mobiliser seuls, sans recourir à la statistique publique. L'enquête « Trajectoires et Origines », collectée par l'INSEE en 2008, en est un exemple type. Souhaitée par l'Institut national d'études démographiques pour étudier les trajectoires de certaines catégories d'immigrés et de leurs descendants de la première génération, elle n'a pu se réaliser qu'avec l'aide logistique et financière de l'INSEE, avec l'appui d'autres services statistiques publics et de plusieurs institutions, comme la HALDE.

D'un point de vue statistique, les immigrés ou descendants d'immigrés sont en effet des populations rares. Un tirage au hasard dans la population ne permet pas de disposer de suffisamment de personnes pour les étudier de façon pertinente, surtout si l'on souhaite les distinguer selon une origine assignée, objective ou subjective. L'enquête Emploi de l'INSEE est sans doute la seule qui le permette, parce que c'est, en dehors des enquêtes de recensement, la plus grosse enquête réalisée en France, avec plus de 70 000 personnes, de 15 ans et plus, interrogées chaque trimestre. Parmi elles, les personnes nées étrangères à l'étranger, donc immigrées, sont près de 9 000, auxquelles s'ajoutent moins de 5 500 descendants d'immigrés, européens dans sept cas sur dix. Les autres enquêtes de la statistique publique ont souvent des échantillons beaucoup plus petits, et les enquêtes habituelles par quotas des instituts privés, encore moins souvent, soixante-dix fois plus petits.

Tirer un échantillon de manière standard ne permet pas de disposer d'un nombre suffisant de personnes immigrées ou d'origine immigrée. Une première solution consiste à réaliser deux enquêtes successives : une première enquête courte auprès d'un grand nombre de personnes pour repérer celles que l'on souhaite sur-représenter dans l'enquête proprement dite, interrogées ensuite dans une seconde phase. Cette solution est très coûteuse. Une seconde solution est de profiter d'une base de sondage déjà existante, qui concerne un grand nombre d'individus représentatifs de l'ensemble de la société et qui contienne, ou puisse facilement contenir, les informations nécessaires pour filtrer les personnes ciblées de l'enquête. Le support tout désigné pour jouer ce rôle de filtre est alors le recensement de population. Il permet déjà de repérer les immigrés et il a déjà joué un rôle de filtrage pour d'autres enquêtes : en 1999, un court questionnaire a été déposé en même temps que les bulletins du recensement pour repérer des personnes en situation de handicap pour les sur-représenter dans une enquête sur ce sujet.

Dans ce cas, la statistique publique se retrouve alors impliquée, comme le recensement. Notons au passage que l'exploitation à venir de l'enquête « Trajectoires et Origines », dont l'échantillonnage s'est appuyé sur le recensement, montrera que les chercheurs n'ont, aujourd'hui comme hier, guère besoin de demander la couleur de peau ou le « ressenti d'appartenance » pour arriver aux résultats qui les intéressent : le recours à des informations objectives suffit à mettre en évidence des inégalités de situation.

S'agissant de l'étude de la diversité au niveau de collectifs

La mesure de la diversité à un niveau local, dans un collectif institutionnel comme les salariés d'une entreprise, les élèves d'une école, les locataires d'un office d'HLM, ne s'inscrit pas tout à fait dans le même cadre. Elle ne répond plus à un objectif scientifique de connaissance générale mais plutôt à un besoin d'ordre politique, celui de disposer d'un levier d'action ou d'un substitut à l'action.

C'est un levier d'action quand cette mesure localisée vient à l'appui d'une politique de discrimination positive plus ou moins affichée. L'objet n'est pas ici d'expliquer les effets pervers de telles mesures quand elles utilisent un critère ethno-racial, ni leur caractère par essence communautariste dans ce cas, ni le fait qu'elles ne se placent pas sur le terrain de la lutte contre les discriminations et que d'autres outils existent pour cela. S'agissant ici de lister les objectifs possibles des partisans des statistiques de la diversité, nous nous contenterons de préciser que la discrimination positive peut être explicite, par exemple quand le Cran préconise de donner la préférence dans un appel d'offres aux entreprises affichant une certaine diversité, ou quand Yazid Sabeg propose de mettre en place des quotas pour l'accès à l'Éna. Mais elle peut être aussi implicite en demandant aux acteurs de rendre très régulièrement compte des caractéristiques de leurs salariés, de leurs élèves, de leurs locataires suivant les critères de diversité retenus. Rendre compte, c'est aussi rendre des comptes. Donc, c'est aussi une manière de pousser les acteurs à se fixer par eux-mêmes et pour eux-mêmes des objectifs quantifiés non affichés.

Mais la mesure localisée de la diversité peut aussi être un substitut à l'action quand il s'agit pour l'État de promouvoir des rapports sur la diversité, et pour les entreprises de les alimenter pour afficher un message d'intérêt pour le sujet. De ce point de vue, la production d'un rapport annuel sur la diversité suggérée par Yazid Sabeg a peu de sens, sauf si l'objectif réel de cette mesure est la mise en place d'une politique de discrimination positive implicite décentralisée, ou s'il s'agit d'habituer le corps social à voir la population selon des catégories ethno-raciales, dans la perspective de demander ensuite la mise en place de politiques de discrimination positives explicites. Les comportements évoluent lentement. La composition des salariés d'une entreprise, ou celle de locataires de parcs de logements aussi. Prendre la mesure de la diversité chaque année n'a donc de pertinence ni pour dresser un état des lieux, ni pour évaluer les effets d'une nouvelle politique volontariste. Dans les deux cas, des études ponctuelles, espacées dans le temps, suffisent.

Qu'elle soit un levier d'action ou un substitut à l'action, la mesure localisée de la diversité nécessitera rapidement de disposer des statistiques de référence et de catégories homogènes pour comparer. Prétendre promouvoir cette pratique sans mettre en place de référentiel et sans généraliser la collecte de l'information dans les fichiers de gestion et dans le recensement relève de l'imposture scientifique ou du mensonge. Là encore, la statistique publique se retrouvera impliquée.

Il faudra bien, par exemple, comparer une entreprise à son bassin d'emploi pour savoir si la proportion de tel ou tel groupe de personnes dans l'entreprise est faible, normale ou excessive, déjà dans le simple cadre d'une comparaison de proportions. Or les sources permettant d'établir des statistiques d'emploi au niveau localisé sont peu nombreuses : il n'y a guère que les déclarations annuelles de données sociales produites par l'Insee, à partir des informations des fichiers de paies des entreprises, et le recensement de la population. Les premières permettent d'étudier aussi les salaires ; la nationalité y figure déjà. Le second aurait « l'avantage » de fournir aussi le niveau de diplômes des personnes dans le bassin de l'emploi.

Pareillement, des statistiques de la diversité sur les entrées à une université ou une grande école nécessiteront d'en établir sur leur bassin de recrutement. Le plus simple est alors d'introduire l'information voulue dans les fichiers des établissements scolaires fournisseurs. La promotion des statistiques de la diversité suppose donc une généralisation de l'usage et, pour permettre les comparaisons, la mise en place de catégories homogènes, donc d'un référentiel.

À ce sujet, certains jouent sur les mots en voulant réserver le mot « référentiel » à une catégorisation fixée par la loi. Le référentiel existe dès lors que se généralise l'emploi de catégories faisant référence. La statistique publique ne pourra pas rester à l'écart de son usage, tout d'abord pour fournir les statistiques locales auxquelles il faudra comparer les indicateurs des acteurs. Ensuite parce que, dès que des catégorisations faisant référence se généralisent dans les publications des chercheurs, ceux-ci demandent à la statistique publique de se mettre en capacité de les produire dans les fichiers de résultats de ces enquêtes, en arguant de sa nécessité pour pouvoir publier, donc utiliser et valoriser l'enquête.

Le vrai débat doit porter sur la pertinence scientifique des statistiques « de la diversité »

Si le choix de promouvoir les statistiques de la diversité est fait, la généralisation de la collecte et la mise en place d'un référentiel sont inéluctables, comme l'implication de la statistique publique. Le sujet est donc moins la place et le rôle assignés à la statistique publique, donc à l'État, dans la collecte et l'usage de ces statistiques, que la pertinence scientifique d'un tel outil, dont le directeur général de l'Insee, toujours devant la Cnil, refusait qu'il soit construit par la statistique publique parce qu'« [il] n'a aucun fondement scientifique» et parce qu'il «figerait les représentations collectives et individuelles sur la base de fondements incertains et contingents au risque d'accentuer les clivages, les préjugés, voire les discriminations au lieu d'aider à les réduire».

Une catégorisation ethno-raciale n'a pas de pertinence scientifique

Les quelques exemples étrangers qui ont mis en place des statistiques ethno-raciales illustrent le caractère subjectif et flou des catégorisations ethno-raciales. Aux États-Unis, au Canada, en Grande-Bretagne, la statistique publique distingue les «Noirs» et les «Blancs», mais ne parle pas de «Jaunes». Les Asiatiques sont distingués selon leur pays d'origine, alors que, bien sûr, dans ses interactions, le raciste, conscient ou inconscient, ne repère généralement pas la nationalité, ni des uns ni des autres. Au Canada, les Latino-Américains forment un groupe distinct des «Blancs» et des «Noirs» alors que dans le Census, les États-Unis utilisent deux questions, l'une pour repérer les «Hispaniques», l'autre sur la «race», les «Hispaniques» pouvant alors se dire également «Blanc» ou «Noir», par exemple. En Grande-Bretagne, les «Noirs» d'outre-mer sont distingués des autres, et les métis forment une catégorie à part entière, contrairement aux États-Unis ou au Canada.

Ces variations rappellent d'abord qu'il n'y a pas de catégorisation ethno-raciale naturelle de la population. Elles ne peuvent résulter d'aucune construction scientifique et s'appuient d'abord sur des catégories d'État et des rapports de force politique de groupes souhaitant se compter, comme les «Hispaniques» aux États-Unis ou les «Irlandais» en Grande-Bretagne. Ces variations rappellent aussi que le statisticien ne sait pas vraiment ce qu'il mesure en utilisant ce type de catégorisation, et le discours sur les « minorités visibles » qui se voient ne doit pas faire illusion. Poser une ou plusieurs questions (par exemple en isolant ou non la question sur les « Hispaniques ») ; utiliser un mot plutôt qu'un autre, ou plusieurs (« *Black* », « *Negro* », « *Black American* ») ; donner ou non des exemples (pour les « Hispaniques » ou pour les « Asiatiques », par exemple) ; afficher « Métis » parmi les catégories possibles ou se contenter d'autoriser plusieurs réponses. Aucune variation de questionnaire n'est neutre. Toutes peuvent modifier les comptages. Les documents méthodologiques du Census ou de Statistique Canada en donnent de nombreux exemples, qui conduisent d'ailleurs à rendre les comparaisons difficiles d'un recensement à l'autre.

Poser une question ouverte où les personnes seraient libres de se déterminer, comme en Australie (« What is the person's ancestry ? ») ne règle pas la difficulté de la catégorisation. Si celle-ci n'est pas posée *a priori*, elle sera reconstruite *a posteriori* avec des regroupements qui illustreront les préjugés du chercheur. De plus, la façon d'illustrer la question peut orienter la réponse. Que répondriez-vous à la question : « Comment définiriez-vous votre identité ? », selon que l'on vous précise : « par exemple : Français, Algérien, Turc » ; « par exemple : Français, Breton, Basque » ; « par exemple : Noir, Arabe, Chinois » ? Et que diriez-vous si l'on se contentait d'un « comment définiriez-vous votre identité ? » ? Le même exercice vaut pour cette question : « Comment pensez-vous que les autres vous voient ? »

L'instrument de mesure peut être aussi perturbé par les traitements réalisés après la collecte des informations. Dans les pays concernés, pour ces questions comme pour les autres, il y a des non-réponses à traiter, donc des réponses à imputer. Or, s'agissant de groupes minoritaires, un taux de non-réponses faible, au niveau de l'ensemble de la population, peut résulter d'un taux de non-réponses élevé dans ces groupes, sans moyen de le savoir. Et si le choix de répondre ou non dépend des situations vécues, la mesure des inégalités de situation peut être faussée.

Le « toutes choses égales par ailleurs » n'existe pas

L'analyse « toutes choses égales par ailleurs » est mise en avant par certains défenseurs des statistiques de la diversité comme gage de sérieux. Pour eux, cette approche est aussi le moyen d'effectuer le saut entre « la mesure de la diversité » et la mesure des discriminations pour prétendre « mesurer » les discriminations.

En effet, l'observation directe des discriminations supposerait logiquement de partir de l'étude des processus de sélection (examen, recrutement, etc.) et des interactions entre celui qui est susceptible de discriminer et celui qui est susceptible d'être discriminé. Des méthodes existent : observations sur le terrain, méthodes de simulation de situation, comme le *testing;* mais, pour leurs détracteurs, elles ont le défaut de conduire à des résultats de nature plus qualitative que quantitative, donc de ne pas répondre au goût de l'époque pour le chiffre. Au contraire, par nature, une enquête statistique fournit du chiffre, mais les statistiques de la diversité ne permettent que de constater des inégalités de situation, dont on ne peut rien conclure directement. Mesurer la répartition des uns et des autres parmi les chômeurs, les cadres, les étudiants des grandes écoles ne suffit pas à parler de discrimination. Si les descendants d'immigrés sont dans une situation moins favorable que la moyenne sur le marché du travail, ce peut être aussi et d'abord parce qu'ils sont moins diplômés, parce que leurs parents l'étaient moins aussi, parce qu'ils sont moins insérés dans les bons réseaux, etc. D'où l'intérêt de croire et de faire croire qu'il serait possible de séparer les effets propres aux différentes sources d'inégalité. On mesurerait alors des inégalités « toutes choses égales par ailleurs », donc une mesure précise des discriminations.

L'utilisation d'une catégorisation subjective de type ethno-racial suffit à elle seule à disqualifier cette illusion. Toutefois, l'existence d'une catégorisation objective et parfaitement observée ne supprimerait pas le fait, plus essentiel, que les analyses « toutes choses égales par ailleurs » ne sont jamais « toutes choses égales », faute de disposer de toutes les informations pertinentes ou en raison d'échantillons trop petits. La contrainte de volume des questionnaires empêche souvent de poser l'ensemble des questions pouvant être pertinentes pour l'analyse. Il faudrait, par exemple, demander à chaque fois les origines sociales des personnes (revenus des parents, professions, diplômes). On ne le fait pas actuellement, sauf de façon ponctuelle dans quelques très rares enquêtes. D'autres informations sont difficiles à appréhender facilement par questionnaire : insertion dans des réseaux, maîtrise de la langue, comportement. De plus, le nombre de facteurs que l'on peut prendre en compte dans une analyse « toutes choses égales par ailleurs » dépend de la taille de l'échantillon : plus l'échantillon est petit, moins le nombre de facteurs que l'on peut prendre en compte est élevé, et moins le détail de l'information considérée peut être précis. Or l'ampleur des inégalités mesurées « toutes choses égales » en dépend. La mesure de l'écart salarial entre hommes et femmes, généralement étudiée à partir des déclarations annuelles de données sociales des entreprises, est exemplaire. Elle peut varier du simple au double selon que l'on prend en compte ou non la catégorie socio-professionnelle, le secteur d'activité, la taille de l'entreprise. Elle varie aussi selon le détail retenu, par exemple pour la catégorie socio-professionnelle ou le secteur d'activité. Elle ne prend souvent pas en compte l'ancienneté professionnelle et les interruptions de carrière, qui sont rarement disponibles dans les sources utilisées. La même analyse pour comparer le salaire des Français et des étrangers conduit à un écart tantôt positif, tantôt négatif.

Pour être mise en œuvre avec la rigueur scientifique souhaitée dans les analyses, l'analyse « toutes choses égales par ailleurs » doit donc s'appuyer sur une information riche et sur des variables précises et claires. Pour nuancer les résultats en fonction des origines, réelles ou présumées, en tenant compte des multiples facteurs qui peuvent interférer pour expliquer la position des personnes (diplômes, maîtrise de la langue, ancienneté d'arrivée en France...), l'échantillon doit être conséquent. Il ne peut donc s'agir que d'enquêtes structurelles espacées dans le temps, pour des analyses globales, qui ne permettent, au mieux, que de mettre en évidence des présomptions. Seules des études directes permettront de les confirmer, en en explicitant les mécanismes. Il ne faut pas tout attendre des statistiques. Il ne faut pas non plus tout leur permettre.

Chronique de discriminations annoncées. L'enquête Trajectoires et Origines

France Guérin-Pace

L'enquête Trajectoires et Origines (TeO, INED, INSEE, 2008) a été largement associée à la polémique sur les statistiques ethniques. En particulier, la volonté de ses concepteurs d'introduire une question sur la couleur de peau a donné lieu à de nombreuses réactions qui se sont soldées par la décision du Conseil constitutionnel (15 novembre 2007) de considérer comme contraire à la Constitution la collecte de données faisant référence à la race ou à l'origine ethnique. Le retrait de la question sur la couleur de peau dans l'enquête n'a pas modifié les ambitions de ses concepteurs : « *Les questions d'intégration et de discrimination occupent une place importante dans les débats publics. Mais aujourd'hui la France manque encore de statistiques nationales permettant d'étudier ces phénomènes. L'enquête TeO est conçue pour combler ces lacunes.* » *Objectif de taille pour une enquête qui* « *s'intéresse à toutes les populations vivant en France métropolitaine, à leurs conditions de vie actuelles et à leurs parcours. L'enquête porte cependant un intérêt particulier aux populations qui peuvent rencontrer des obstacles dans leurs parcours du fait de leur origine ou de leur apparence physique (immigrés, descendants d'immigrés, personnes originaires des DOM et leurs descendants)* »[1].

1. <http://teo.site.ined.fr/>.

Malgré le titre de l'enquête, l'utilisation du terme « origine » au singulier et sans qualificatif manifeste une volonté déterminée et déterministe de se centrer sur la seule origine « ethnique » des personnes. De même l'utilisation du terme « populations » au pluriel, annonce une vision morcelée et « morcelante » anticipant les différentiations attendues dans les résultats de l'enquête.

Qu'en est-il réellement du contenu de cette enquête en lien avec ces objectifs ? Car, au-delà des questions sur la couleur de peau ou la religion – les plus médiatisées – peu de personnes se sont penchées sur le questionnaire de l'enquête. À partir de plusieurs exemples, nous allons démontrer non seulement qu'elle ne permettra pas de mesurer les discriminations mais en outre qu'elle fabriquera à leur insu un sentiment de discrimination chez les personnes interrogées.

Une enquête de victimisation

Tous les thèmes abordés dans le questionnaire sont présentés avec un regard négatif qui donne d'emblée à l'enquêté un statut de victime, celui-ci étant très vite amené à interpréter les questions à travers cette grille. Quelques exemples : la liste des événements vécus durant l'enfance par l'enquêté (question F39) ne comprend que des situations négatives : problèmes d'argent, maladies, accidents, disputes, conflits, alcoolisme, violences. La question suivante porte sur les relations avec les parents (F40). De la même manière, ces rapports intergénérationnels ne sont envisagés qu'en termes de conflits : « *Vous disputez-vous avec vos parents sur vos relations amoureuses, vos sorties, vos amis, fréquentations, la religion, etc ?* » Dans ce module consacré aux relations familiales, aucun aspect positif n'apparaît. Des questions comme : « *Vous entendez-vous bien avec vos parents, est ce que vous discutiez avec eux ?* », « *Que vous ont-*

ils transmis qui est important pour vous aujourd'hui ?», etc., «*Est-ce que vous avez eu une enfance heureuse, malheureuse ?*» sont absentes du questionnaire. Aucune question n'appelle une réponse positive. Tous les thèmes sont déclinés sous un angle négatif – la trajectoire scolaire à travers les redoublements, le contexte professionnel par le harcèlement, la pénibilité du travail, les accidents, etc. Rien sur la satisfaction au travail, les aspirations, les projets. Même le thème de la santé est abordé en ces termes: «*Avez-vous eu un problème de santé* (SAN 4) ?» Si la réponse est positive, quatre raisons sont alors proposées (conditions de travail, conditions de vie, difficultés dans la vie privée, complications d'une maladie existante ou d'une grossesse) orientant ainsi fortement l'enquêté à choisir parmi une de ces propositions même s'il pense que l'origine de sa maladie n'a pas de cause précise. La nature tendancieuse du questionnaire instille une vision stéréotypée de l'immigré malheureux, maltraité et sans avenir.

Des préjugés évidents

L'enquête se focalise sur les immigrés et leurs descendants, oubliant les différenciations importantes qui existent au sein de la population française de naissance. Ainsi, dans le module sur les langues, la maîtrise de la langue française n'est abordée que pour les immigrés. Or 25 % des adultes vivant en France ont été socialisés par leurs parents dans une autre langue que le français; parmi eux 40 % dans une langue de l'immigration, 60 % dans une langue régionale ou un patois (Filhon & Guérin-Pace, 2009). Pour ces derniers, la moitié d'entre eux n'a pas acquis le français en même temps. C'est donc ignorer que l'apprentissage du français concerne aussi les Français de naissance, et méconnaître l'importance et l'influence des langues régionales.

En dehors du contenu des questions, le contexte de celles-ci et leur enchaînement dans le questionnaire est un facteur très important de réussite d'une enquête (Grémy, 1987). En particulier, l'*effet de focalisation sur un thème* qui consiste à amener l'enquêté par des questions qui précèdent à fournir une réponse qu'il aurait moins vraisemblablement donnée dans un autre enchaînement, doit soigneusement être évité dans l'élaboration de questionnaire. Or cet effet est constamment présent dans l'enquête TeO. Voici un exemple d'enchaînement issu du module « Image de soi et regard des autres » : « *En pensant à votre histoire familiale, de quelles origines vous diriez-vous* ? »[1] « *Êtes-vous d'accord avec les propositions suivantes ? Je me sens chez moi en France, il faut faire oublier ses origines pour se faire accepter en France, on me voit comme un Français, je me sens français*, etc. »

La position de cette question après le rappel des origines familiales n'est évidemment pas neutre et influence fortement les réponses. Elle est d'ailleurs suivie d'une question : « *Dans la vie quotidienne, à quelle fréquence vous demande-t-on vos origines ?* », maintenant constamment l'ambiguïté sur la notion d'origines. S'agit-il des origines sociales, géographiques ? Compte tenu du contexte, on s'aperçoit que ce ne sont que les origines « ethniques » qui sont recherchées.

Imposer les discriminations

Le questionnaire recherche les discriminations dans différents domaines (le terme même de discrimination est utilisé à trois reprises dans le libellé des questions le reste du temps, il s'agit de traitements injustes ou inégalitaires) : au collège, dans la vie professionnelle, dans la recherche de logement, dans le domaine de la santé et dans différentes situations de

1. La question sur la couleur de peau « *Et de quelle couleur de peau vous diriez-vous ?* », était placée après cette question.

la vie quotidienne. À l'exception d'une question qui concerne la discrimination des parents (cf. ci-dessous), 6 motifs sont proposés : sexe, état de santé ou handicap, couleur de peau, origines ou nationalité, façon de s'habiller, âge, autres. Or 18 critères sont prohibés par la loi (art. 225-1 du code pénal : âge, sexe, origine, situation de famille, orientation sexuelle, mœurs, caractéristiques génétiques, appartenance vraie ou supposée à une ethnie, une nation ou une race, apparence physique, handicap, état de santé, état de grossesse, patronyme, opinions politiques, convictions religieuses, activités syndicales). On est donc loin du compte. *Quid* du nom ou du prénom (7 % des personnes interrogées dans l'enquête *Histoire de Vie* (Insee, 2003) déclarent ce motif, 12 % des enfants de deux parents immigrés, 2 % des immigrés), de l'accent ou de la maîtrise de la langue (8 % des enfants d'immigrés, 10 % des immigrés), des convictions politiques ou religieuses (2 %) ? Par ailleurs, tout concepteur d'enquête sait à quel point les modalités proposées « attirent » les réponses, car il est plus facile pour un enquêté de choisir parmi une des réponses proposées que de donner la sienne (Grémy, 1987). De ce fait, soit on propose toutes les modalités susceptibles de donner lieu à des discriminations, soit on laisse la question ouverte et on n'en propose aucune. Orienter les réponses en ne sélectionnant que certaines modalités revient à manipuler les enquêtés.

Par ailleurs, la manière dont les questions sont posées, se référant soit à un contexte très vague, soit à une durée longue, donne à douter du sérieux des exploitations qui pourront être menées sur ce thème. Le premier exemple de recueil de discriminations est celui de l'arrivée des parents en France : « *Vos parents vous ont-ils raconté leur venue en France métropolitaine ?* » Si la réponse est positive, on demande : « *Pensez-vous que vos parents ont subi des traitements inégalitaires ou des discriminations en France métropolitaine en raison de leurs origines ou de leur couleur de peau ?* » Comment va-t-on exploiter une telle question ? De quelles discriminations est-il question et à quel moment – à leur arrivée en France, la semaine précédant l'enquête, une fois dans leur vie ? On imagine les traitements potentiels de ces réponses : le croisement de la variable « parents discriminés » (d'après cette question) avec la variable « descendants discriminés » pour créer une nouvelle variable « famille de discriminés ou famille à risque »...

Pour les enquêtés qui seraient passés au travers en ne déclarant pas de discriminations, un module final de rattrapage est proposé. Celui-ci débute par cette phrase : « *Nous allons maintenant parler des traitements inégalitaires* » alors que le thème a déjà été abordé à dix reprises dans le questionnaire ! Ici sont considérées, pêle-mêle, les discriminations subies au cours des cinq dernières années et pour lesquelles il est supposé que le(s) motif(s) sont les mêmes puisque le contexte n'est pas détaillé. Enfin, pour être certain que l'enquêté n'a rien oublié, les expériences en France sont détaillées à travers plusieurs questions : refus d'entrée dans un lieu de loisir (discothèque, bar, restaurant, hôtel, etc.), refus de prêt, mauvais accueil à la mairie, à la préfecture, à la poste, et dans d'autres administrations avec une liste commune de motifs pour l'ensemble de ces questions. Le coup final est porté par la dernière question de cette partie : « *Pensez-vous que vous pourriez être victime de racisme en France, même si cela ne vous est jamais arrivé ?. Si oui, quelle en serait la raison ?* » On a hâte de savoir quels sont les immigrés ou descendants d'immigrés qui auront pu exprimer leurs opinions librement, retracer leur parcours en déclarant qu'ils n'ont pas été victimes de discrimination, qu'ils ont l'impression d'être intégrés, que leur vie professionnelle et familiale leur convient et qu'ils souhaitent transmettre à leurs enfants leur langue d'origine et leur religion.

L'élaboration d'une enquête est une opération difficile ; de nombreux choix sont à établir. Mais lorsque l'on constate que la question portant sur le lieu de rencontre avec le conjoint comporte 16 modalités de réponse et que la saison de la rencontre est demandée, on s'interroge sur les priorités de l'enquête. De même, les questions sur le mode de contraception, le désir d'enfant, la personne qui accompagne les enfants à l'école, etc., sont très détaillées, alors que les relations sociales sont expédiées en quatre questions, et que le module intitulé comme tel débute par la question «*Avez-vous un compte en banque?*», suivie de «*Avez-vous votre permis de conduire?*». Il ne figure rien sur les activités de loisirs, le temps libre, sphère essentielle quand on lit les travaux sur les jeunes immigrés. L'histoire résidentielle pour une enquête intitulée Trajectoires et Origines se réduit au recueil des pays de résidence alors que les parcours des immigrés révèlent des trajectoires géographiques spécifiques. Ainsi, la proportion de personnes qui n'ont jamais changé de commune est deux fois supérieure pour les enfants d'immigrés que pour les personnes nées françaises de parents nés français (25 %, 12 %) et constitue une forme de discrimination territoriale (Guérin-Pace, 2009).

En conclusion, on l'aura compris, c'est une vision très réductrice et normative de l'intégration et des discriminations qui est à l'œuvre dans l'enquête TeO, une vision prédéterminée par ses concepteurs qui savent par avance ce qu'ils veulent démontrer à travers cette enquête. De plus, si les modalités de réponse aux catégories religieuses et ethno-raciales ont été retirées, et que les questions sont désormais posées de manière ouverte, le problème reste entier. Pour exploiter ces réponses, des catégories vont nécessairement être créées qui porteront le même nom, à savoir des catégories de religion et de race dont la combinaison pourra donner lieu à toutes les interprétations. Rappelons que les polémiques nées à propos de l'enquête MGIS (INED, INSEE, 1992) sont venues de l'utilisation faite *a posteriori* de la combinaison du pays de naissance et de la langue natale pour créer des variables dites ethniques.

L'obsession différencialiste
L'alibi de l'enquête statistique[1]

Il ne s'agit pas ici de jeter l'opprobre ou le discrédit sur les activités d'enquêtes et la statistique. Au contraire, il faut en préserver la légitimité en identifiant les présupposés et les dangers de quelques enquêtes quantitatives récemment ou prochainement mises en œuvre au nom de la lutte contre les discriminations.

Ces enquêtes pourraient en effet servir de prototypes à la « panoplie d'outils »[2] qu'est censé préconiser le Comedd. Quatre enquêtes statistiques sont passées en revue : deux, menées au domicile habituel des répondants, disent porter sur les questions d'intégration et de discriminations ; les deux autres, réalisées dans des contextes professionnels, avancent comme objectif l'étude de la « diversité » (éventuellement couplée à celle de la parité) et l'exploration des catégories pour la saisir. Elles ne seront pas évoquées dans tous leurs détails. Seuls quelques traits saillants seront mis en évidence pour illustrer plusieurs dangers.

1. Ce texte, établi par Alain Blum, France Guérin-Pace et Hervé Le Bras, reprend une séance de discussion de la Carsed consacrée aux enquêtes françaises récentes qui ont utilisé des catégories ethniques ou ethno-raciales.

2. « Le consensus recherché ne prendra pas la forme d'une clé universelle pour mesurer la diversité mais d'une panoplie d'outils dont on précisera l'usage » (Héran, 2009b).

Toute enquête statistique profite implicitement d'un argument d'autorité – ce sont les chiffres qui le disent –, d'autant plus si elle est réalisée par des institutions importantes de la statistique ou de la recherche publique. Il ne faut pas faire un mésusage de cette force. Quand on annonce, par exemple, de manière rassurante, que ne seront proposées sur « le ressenti d'appartenance » que des enquêtes sur échantillon, anonymes, sur le mode du volontariat, et selon un protocole *ad hoc*, ces conditions, nécessaires, ne sont pas suffisantes pour en garantir la qualité ni la pertinence.

L'enquête « Trajectoires et Origines des populations », TeO, ou la partition essentialiste de la société

L'enquête TeO, achevée début 2009, a été menée par l'INED et l'INSEE : elle illustre bien la porosité (souhaitable par ailleurs) entre la statistique publique et la recherche. L'idée actuellement avancée d'une dissociation entre des enquêtes statistiques dites de recherche qu'il faudrait laisser libres d'explorer ce qu'elles veulent et celles de la statistique publique, qu'il faudrait soigneusement encadrer, à la lumière de cet exemple, ne tient qu'en partie.

TeO a surtout attiré l'attention au moment du retrait de la question portant sur la couleur de la peau, fin 2007. D'autres points sont cependant demeurés très problématiques. Outre la tonalité globale du questionnaire et l'usage potentiel de ses catégories, discutées dans les contributions de France Guérin-Pace et Stéphane Jugnot à cet ouvrage, deux éléments essentiels sont fortement discutables : la conception de l'origine et la notion de populations.

L'origine, dans la vision de cette enquête, c'est le sang, ou au mieux, la terre des ancêtres, comme si d'ailleurs cette terre était forcément unique (on a pourtant tous deux parents et plusieurs lieux d'attaches). On n'y échapperait donc pas. De plus, le sens de ce mot est pensé comme évident : plus besoin de qualificatif au mot origine. Dans le meilleur des cas, le questionnaire l'emploie au pluriel. Origine, géographique et nationale, évidemment. Ethnique, surtout. Sociale, démodé ?

Par ailleurs, l'enquête TeO considère cinq populations distinctes en France :

– les immigrés,

– les descendants d'immigrés (un parent immigré suffit pour en faire partie),

– les originaires des Dom,

– les descendants d'originaires des Dom,

– et les « natifs descendants de natifs » *(sic)* (personne née en France dont les deux parents sont nés en France) qui répondent à des questionnaires en partie distincts.

Partition au départ, partition à l'arrivée… ? La mesure des discriminations, tirée de ces données, consistera donc surtout à mesurer l'écart sur différentes caractéristiques entre ces cinq populations conçues *a priori* comme différentes, comme victimes de manière différente de discriminations, avec cette obsession de l'échantillon témoin, tout droit venu des enquêtes médicales cliniques. D'ailleurs ces « natifs descendants de natifs » comprennent en leur sein de la « 3e génération », des petits-enfants de couples mixtes… et tout simplement une société française, complexe et riche d'histoire(s). La plaquette de présentation de l'enquête parle d'une étude sur la diversité « des populations en France », et TeO, bien que s'adressant « à toutes les populations », porterait un intérêt particulier aux quatre premières, « qui peuvent rencontrer des obstacles dans leurs parcours du fait de leur origine ou de leur apparence physique »[1].

1. < http://teo.site.ined.fr >.

Pour identifier les personnes à enquêter dans chacun de ces groupes, il fallait donc connaître à l'avance le lieu de naissance et nationalité de la personne, mais aussi de ses parents. Exigence inhabituelle pour l'INSEE. Le plus souvent, l'INSEE tire au hasard un échantillon de logements dans le fichier du recensement, et l'enquêteur reçoit alors un lot d'adresses (et non de personnes à interroger). *A posteriori*, on obtient ainsi toute la diversité des habitants du territoire français. Inenvisageable selon les concepteurs de l'enquête TeO, qui voulaient interroger des individus d'après leur appartenance pré-établie à l'un des cinq groupes. La nationalité et le lieu de naissance des parents ne figurant pas dans le recensement (question hautement controversée comme item du recensement), il fallut envoyer des enquêteurs relever ces informations dans les fichiers d'état civil des différentes mairies de France, après autorisation des procureurs de la République. Procédure exceptionnelle… que certains souhaiteraient rendre plus facile à mettre en œuvre :

– « Les chercheurs en quête d'échantillon en sont réduits à solliciter des dérogations pour tirer des patronymes dans les annuaires téléphoniques ou recopier des fiches d'état civil dans les tribunaux d'instance […] » (Héran, 2009a).

– « Le défi de la mesure de la diversité exige une adaptation des appareils statistiques, du traitement des données, et des régimes d'autorisation et d'accessibilité » (Lettre de mission du COMEDD, Yazid Sabeg).

Tirer des patronymes dans des annuaires téléphoniques renvoie d'ailleurs à une autre enquête…

… l'enquête TIES[1], menée en 2007, ou comment quelques centaines d'enfants de parents turcs, repérés dans l'annuaire

1. <http://www.tiesproject.eu> (The Integration of the European Second Generation).

téléphonique, de deux villes, deviennent représentatifs de l'ensemble des trajectoires de toutes les personnes de la « seconde génération » d'immigrés !

Sur le papier, un beau projet de recherche comparative sur l'intégration de la seconde génération en Europe. Dans la réalité, il en va tout autrement.

L'enquête TIES est un projet de recherche réalisé en collaboration entre différents organismes européens sur les descendants d'immigrés, âgés de 18 à 35 ans, originaires de Turquie, d'ex-Yougoslavie et du Maroc dans huit pays européens (Autriche, Belgique, France, Allemagne, Pays-Bas, Espagne, Suède et Suisse). Ces enfants d'immigrés doivent être nés dans le pays d'accueil de leurs parents et y avoir suivi toute leur scolarité. Au total, l'objectif était d'interroger 10 000 personnes dans 15 villes de 8 pays : Paris et Strasbourg en ce qui concerne la France. Dans chaque ville, un ou deux groupes de la seconde génération sont ciblés ainsi qu'un groupe « témoin » dont les deux parents sont nés dans le pays de l'étude.

En France, seule la seconde génération turque a été enquêtée, ainsi qu'un groupe « témoin ». Un total de 1 000 personnes était visé, soit 250 descendants de Turcs dans chacune des deux villes ; de même pour l'échantillon témoin. L'étude de la seconde génération en France reposerait donc sur les réponses d'un peu moins de 500 enfants d'immigrés turcs !

Or on sait bien qu'il ne s'agit pas de l'immigration la plus importante en France ni la plus représentative. Mais on rappellera que TIES a vu le jour essentiellement grâce au financement initial de la Fondation suisse BMU et d'une importante bourse de la Fondation Volkswagen, sise en Allemagne, deux pays et fondations pour lesquels la question de l'immigration turque a une autre résonance. Quels sont les choix scientifiques pour la France ?[1]

Alors que le protocole de TIES permet d'interroger des descendants de Marocains ou de Yougoslaves, le choix de la focalisation en France sur la « 2e génération turque » s'explique aussi par une autre raison. Pour constituer une base de sondage de descendants d'immigrés turcs en l'absence de la logistique déployée pour l'enquête TeO, il a été décidé d'utiliser les patronymes de l'annuaire téléphonique. S'il a semblé relativement facile d'identifier des noms à consonance turque, il eût été beaucoup plus compliqué de manière scientifique et rigoureuse de définir l'univers des patronymes marocains, à la fois plus large et mixte (en raison des relations très anciennes avec l'Espagne, la France et bien sûr tout le Maghreb, et l'Afrique subsaharienne).

L'utilisation des pages blanches de l'annuaire téléphonique et de la consonance des patronymes pose d'autres gros problèmes de représentativité et de biais de sélection. On exclut de fait des femmes ayant changé de nom en se mariant, les enfants de certains couples mixtes, les personnes ayant un nom qui n'a pas été repéré, à tort, comme faisant partie de l'univers recherché. Cette exclusion est particulièrement gênante, car elle concerne des personnes dont il est justement important d'étudier les parcours, au vu du sujet.

Par ailleurs, la restriction aux seules personnes ayant leur nom dans les pages blanches constitue un problème majeur. On manque ainsi toutes les personnes ayant seu-

1. Et pourtant ce projet est aussi un réseau RTN (Research Training Network), financé par la Commission européenne sur quatre ans, permettant de recruter une dizaine de doctorants et post-doctorants. C'est tout l'enjeu de la formation à la recherche sur ces sujets à travers ce prisme déformant qui est posé.

lement un téléphone portable (or elles sont nombreuses parmi les 18-35 ans), celles qui se désabonnent de France Telecom, celles sur liste rouge (or que sait-on de l'effet de porter un nom à consonance étrangère sur l'inscription sur liste rouge ?)... Enfin, que dire aux enquêtés lorsqu'on les appelle ? Qu'on les a retenus sur le critère de leur nom ? Ce qui est une nouvelle fois leur indiquer que leur identité se résume à leur assignation à une filiation patrilinéraire patronymique.

Quant au questionnaire, on n'en dira que quelques mots. On y retrouve les mêmes tendances que dans celui de TeO : questionnaire de victimisation, rappelant unilatéralement les événements négatifs (disputes, conseil de discipline...). Plus grave, le répondant est pris dans un *double bind:* soit il est mal « intégré » à la société française s'il continue à avoir beaucoup de liens avec la Turquie, soit il est « traître à ses origines » s'il ne lit plus les journaux turcs et n'envoie pas d'argent en Turquie. Ce qui d'ailleurs ne mesure qu'une distance par rapport à un autre pays, et non une relation à la société française : alors qu'une partie non négligeable des 18-35 ans descendants de Turcs font ou ont fait des études, on ne leur demande pas s'ils lisent les journaux français ou si leur scolarité leur a plu.

En conclusion, derrière la présentation de TIES comme ambitieux programme scientifique comparatif, on constate une co-instrumentalisation réciproque entre certaines équipes de recherche et certaines fondations privées et financements européens (du « réseau » et du *benchmarking* contre du financement, du financement contre un gage de scientificité) et une imposture statistique : que reste-il de valable pouvant être dit à partir de cette enquête au niveau français sur « l'intégration des personnes de la seconde génération » ?

Tester l'acceptabilité de catégories « ethno-raciales » et « d'origine » : l'enquête « Mesure de la diversité », 2005-2006

Cette enquête était potentiellement intéressante par le côté exploratoire du questionnaire et son objectif de tester l'acceptabilité de certaines questions. Intéressante, mais aussi effrayante. D'emblée, l'objectif était posé : « Faut-il renoncer au principe républicain d'indifférenciation et établir une statistique permanente des origines de la population pour mieux lutter contre les discriminations ? » (Simon & Clément, 2006). Cette enquête fut réalisée par des chercheurs de l'INED sur demande du ministère délégué à la Promotion de l'égalité des chances et financée par le Fasild, dans sept des grandes entreprises signataires de la « charte de la diversité », dans trois universités, et dans une collectivité territoriale (Simon & Clément 2006b)[1].

Le questionnaire propose trois approches des « origines ». Les individus sont interrogés :

a) tout d'abord sur la nationalité et le pays de naissance de la personne, de ses parents et de ses quatre grands-parents, appelée « information sur l'ascendance ».

b) puis sur ce que les concepteurs de l'enquête ont appelé *« origine déclarée »*, soit le pays ou aire géographique ou culturelle. La question était déclinée en une version courte (ci-dessous), et une version longue.

« Vous diriez que vous êtes d'origine (plusieurs réponses possibles) :

Africainc
Antillaise ou caribéenne
Maghrébine
Asiatique

1. <http://www.ined.fr/fr/ressources_documentation/publications/documents_travail/bdd/publication/1206/>.

Européenne
Française
Sud-Américaine
Autre, précisez : »

c) enfin sur l'« *identité ethno-raciale* » (formule des concepteurs) :

« Vous considérez-vous comme (plusieurs réponses possibles) :

Blanc
Noir
Arabe ou berbère
Asiatique
Du sous-continent indien
Métis
  Blanc/Noir
  Blanc/Arabe ou Berbère
  Blanc/Asiatique (inclus sous-continent indien)
  Noir/Arabe ou Berbère
  Noir/Asiatique
  Asiatique/Arabe ou Berbère
  Autre : »

On notera que le terme asiatique revient dans les deux questions sans doute eût-il été encore politiquement incorrect de dire « jaune » ? Inversement, « maghrébin » comme « origine déclarée » se distingue d'« arabe et berbère » comme origine « ethno-raciale »... Les concepteurs de l'enquête indiquent d'ailleurs eux-mêmes que la mention berbère a été ajoutée compte tenu de l'enjeu identitaire et politique de cette distinction, mais qu'elle a justement suscité la réaction des associations berbères protestant contre cette fusion dans une seule modalité de réponse...

Comme on peut le constater, il s'agit d'un joyeux ou terrifiant mélange de notions de nature différentes. Mais cela est assumé et revendiqué: « Cette dernière nomenclature est la plus inhabituelle de la série, dans la mesure où elle utilise explicitement un registre "racial" ou à tout le moins "de couleur" [...]. Elle emprunte à des registres hétérogènes et cherche à reproduire les catégories stéréotypées issues des représentations sociales » (Simon & Clément, 2006: 42).

Les dangers de ce type d'approche sont clairs: le chercheur-statisticien, sous couvert de meilleure adéquation aux représentations de ses répondants, reprend leurs catégories supposées (au demeurant en s'inspirant sans les discuter de listes élaborées dans les pays anglo-saxons). Ces catégories soi-disant du sens commun seront inévitablement légitimées et durcies en étant utilisées telles quelles dans les publications scientifiques et dans les reprises journalistiques. De plus, des regroupements fort discutables sont effectués pour les besoins de la démonstration: ainsi les originaires des Dom ont été reclassés dans le groupe des immigrés, « ce choix inhabituel étant commandé par la problématique suivie sur les origines et les discriminations » (*ibid.*: 27).

Que penser des conditions déontologiques de passation de l'enquête lorsque l'on apprend que les répondants ont été réunis pour répondre à ce questionnaire, dans une salle mise à disposition par l'employeur, à l'occasion de sessions de formation, voire de procédures d'embauche *(sic!)*, après « transmission de l'information par la hiérarchie et aménagement d'une pause pendant la journée de travail » (*ibid*: 25)?

Parmi les principales conclusions, 12 % des 1269 répondants indiquent être opposés aux catégories « ethno-raciales », les plus réticents étant les étudiants, les « 2e génération » et plus encore les personnes se déclarant arabe ou berbère : ceux-là mêmes au nom desquels on dit vouloir ce type de statistiques pour agir !

Les auteurs concluent de plus à l'équivalence entre les listes b) et c) : « la nomenclature sur l'origine déclarée (zones géographiques, aires culturelles) peut représenter une alternative [...]. Elle fonctionne comme un *équivalent relativement solide de la catégorisation « ethno-raciale » tout en évitant les références à la couleur de la peau et à la « race »* [...]. Des travaux plus approfondis sur cette nomenclature alternative devront être menés pour *stabiliser une liste de modalités d'origine pertinente* pour la société française » (*ibid.* : 69).

Conclusion claire et lourde de conséquences...

Vers un prototype ? Les enquêtes sur la diversité et la parité dans la fonction publique

Après cette enquête exploratoire ont lieu, ou ont déjà eu lieu quelques enquêtes au sein de la fonction publique (collectivité territoriale et ministère). Il s'agit d'enquêtes réalisées par des chercheurs de l'INED, dites « à la demande » de l'Agence nationale pour la cohésion sociale d'une part[1], de l'Observatoire de la diversité et de la parité du ministère de l'Intérieur d'autre part[2].

L'objectif d'auto-connaissance et d'auto-justification sur le thème obligé de la diversité par une administration rencontre ici le désir d'expertise de certaines équipes

1. Étude sur le personnel de la ville de Nantes, sur les candidats au concours d'entrée des IRA (voir § in note de présentation de projet, <http://ined.fr/fichier/t_recherche/NotDetPhare/P0825.pdf>.

2. Étude sur le personnel du ministère de l'Intérieur (voir note de présentation de projet, <http://www.ined.fr/fichier/t_recherche/NoteDetSimple2009/06657.pdf>) et le site <http ://enquete_diversite.site.ined.fr>, avec questionnaire consultable.

de recherche. La notion de diversité est dans ce cas vite reliée à celle de parité, comme l'explicite la contribution d'Élisabeth Badinter (dans cet ouvrage).

Dans l'enquête sur le personnel du ministère de l'Intérieur (questionnaire papier envoyé par la poste, rempli par le répondant lui-même), lancée auprès d'un échantillon de 20000 personnes, se mêlent à la fois une approche désormais classique de « la » diversité, avec des questions sur la nationalité et le pays de naissance du répondant et de ses parents, et une mesure particulière des manifestations des discriminations. En effet, après des questions sur la carrière et les délais des avancements, une partie intitulée « conditions d'exercice de votre métier » explore les manifestations et les causes possibles des discriminations :

– *« Avez-vous le sentiment que vos supérieurs directs ont tendance à vous charger des tâches les plus pénibles, les moins gratifiantes ? »*

– *« Dans l'exercice de votre métier, avez-vous le sentiment d'être plus exposé que vos collègues immédiats aux comportements agressifs du public ? »*

Et les raisons proposées sont le sexe, l'âge, la couleur de peau, les origines nationales, l'accent, le handicap (plus l'incompatibilité d'humeur et le grade pour la première question). Apparence physique (poids, taille, tenue...), opinions politiques ou engagements syndicaux ne sont curieusement pas proposés.

Suivent des questions sur l'entourage professionnel du répondant (globalement, quelle est la part de collègues issus de l'immigration, des Dom, de femmes). La « diversité », mesurée par l'immigration et les relations avec l'Outre-Mer, par les questions de parité, et par l'exposition aux discriminations dans le travail, sont ainsi présentées comme intimement liées, ce qui constitue toute une problématique...

Or un des objectifs avancés de ces enquêtes est de constituer un protocole de référence à mettre en place dans toutes les administrations françaises.

En conclusion, ce type d'enquêtes instrumentalise, de fait, l'observation statistique, devenant ainsi outil de diversion (en lieu et place de l'action contre les discriminations racistes, mais aussi d'une action contre les inégalités sociales, et du débat sur cette action), et instrument de légitimation de catégories par la force d'imposition de son apparente neutralité.

Face aux discriminations
Pour une poursuite des recherches engagées

Jean-Luc Richard

La connaissance des conséquences des discriminations est établie depuis de nombreuses années. Elle est nécessaire et préalable à la mise en œuvre de politiques visant à les combattre. Cela suppose la disponibilité de statistiques. Dès lors que l'on croit que les études longitudinales sont nécessaires à la connaissance, alors les questions dites « sensibles » deviennent encore plus prégnantes, puisqu'il s'agit d'envisager des fichiers sur le long terme. Avant de considérer la nécessité éventuelle de statistiques spécifiques, publiques ou privées qui seraient à créer ou à développer, il convient d'examiner les données disponibles. Il se trouve qu'elles permettent d'examiner en détail les situations sociales qu'il importe de connaître. Il ne s'agit pas ici d'affirmer que les données de l'INSEE conviennent parce qu'elles sont des données publiques officielles, mais de partir du constat de ce que ces données permettent de connaître et d'étudier. Depuis 1992, les statistiques de l'INSEE ont permis de faire des progrès considérables dans la connaissance de la place des immigrés et de leurs descendants directs sur le marché du travail. Cette approche indirecte de l'ampleur des discriminations a d'ailleurs été perçue, dès 1997, par les autorités publiques, comme un élément justifiant la mise en œuvre de politiques publiques (lois contre les discriminations) qui sont demeurées, certes, insuffisantes.

La question des migrations est un point essentiel par rapport au débat qui nous mobilise. Que l'État souhaite avoir des informations sur les lieux de naissance et la nationalité des individus est accepté. Qu'à partir d'un échantillon longitudinal issu du recensement, ce qu'est l'Échantillon démographique permanent (EDP), on dispose de surcroît de la possibilité de caractériser un ménage ou une famille, et donc ses membres anonymes, à partir des nationalités et lieu de naissance des adultes de la famille, cela me semble compréhensible. Nous avons là des informations qui sont extrêmement détaillées par rapport à des objectifs d'étude, et ce, alors que l'on n'a fait que demander à des individus leur lieu de naissance et leur(s) nationalité(s). Une étude de Jamila Ysati a mis en évidence que les départs hors de France, en raison d'un certain désespoir consécutif à des discriminations, étaient particulièrement mal vécus par les jeunes issus de l'immigration qui auraient souhaité être considérés comme des Français « comme les autres » : l'expatriation n'est pas dans la logique de ces jeunes qui en ont un mauvais souvenir ou une mauvaise image et, s'ils quittent la France, c'est en raison de l'importance des difficultés qu'ils rencontrent. L'exclusion sociale des parents entraîne un nombre non négligeable de départs de familles entières hors de France. Ces départs touchent davantage les familles issues de courants migratoires récents, notamment les personnes (et leurs enfants) qui étaient en France dans des situations de grande précarité, touchées par le chômage. L'échantillon démographique permanent de l'INSEE permet de quantifier l'importance des départs touchant les jeunes issus de l'immigration. Ainsi, pour les générations 1970-1979, 36 % des jeunes nés hors de France, issus de familles dont les parents étaient des immigrés originaires d'Afrique subsaharienne en 1990, n'étaient plus en France en 1999 (15 % de départs de France en neuf ans pour les personnes nées en France, ayant au moins un parent immigré originaire d'Afrique subsaharienne). Pour les jeunes de même âge, nés de parents immigrés maghrébins entre 1970 et 1979 (donc également âgés de 20 à 29 ans en 1999), les pourcentages de ceux qui ont quitté la France sont respectivement de 30 % (nés hors de France) et de 9 % (nés en France). Toute analyse des discriminations qui ne prendrait pas en compte l'existence de ces phénomènes n'est pas satisfaisante.

La fréquence des situations de chômage de nombreux jeunes actifs souhaitant travailler est une donnée structurelle de l'économie française depuis une trentaine d'années. Les différences de fréquence des situations de chômage, selon des caractéristiques individuelles, montrent l'importance des diplômes obtenus. Elles dévoilent également une forte influence du genre (en particulier lorsque l'on envisage le nombre d'enfants qu'ont éventuellement de jeunes actives), une influence des origines sociales familiales qui s'ajoute à l'effet du diplôme, et montrent des taux de chômage élevés associés à différentes variables. Ce qui nous amène à conclure que les enfants d'immigrés, ainsi que les personnes perçues comme issues de l'immigration, ou encore celles considérées comme ayant des caractéristiques non souhaitées par des employeurs, ont des difficultés spécifiques reposant en partie sur l'existence de discriminations.

Les recherches menées à partir de l'échantillon démographique permanent au sein de la division « enquêtes et études démographiques » de l'INSEE depuis 1992-1993, ont permis d'établir que les données disponibles permettent d'étudier ces questions de manière satisfaisante et comparable à ce qu'il est possible de faire dans d'autres pays. Affirmer cela n'est pas une position militante, mais le constat de nombreux auteurs (Doomernik, 1998; Constant *et al.*, 2005).

La réussite scolaire des jeunes ayant été scolarisés en France, alors que un ou deux de leurs parents étaient des immigrés, est parfaitement connue. Des données très détaillées ont été publiées dernièrement (Richard, 2006, 2007). Il est ainsi possible de connaître les pourcentages de bacheliers parmi les enfants d'immigrés d'Afrique subsaharienne, ou encore parmi les enfants d'immigrés algériens. Il a même été possible de distinguer, parmi les jeunes, ceux dont un parent était français ou immigré, ceux dont les familles sont monoparentales, et ceux dont les deux parents sont immigrés. Les inégalités scolaires constatées sont dues à plusieurs facteurs. Les données disponibles confirment la nécessité de renforcer les politiques fondées sur des mesures sociales d'une part, territorialisées d'autre part.

Bien que l'existence de discriminations soit établie par ailleurs, ces études permettent de constater que les difficultés des jeunes adultes issus de familles (où au moins un parent est ou était immigré) ne peuvent être expliquées seulement par ce que certains voudraient nommer «l'origine ethnique». Il existe une pluralité de situations et de variables contribuant à expliquer la fréquence de certains taux de chômage: la nationalité effective de l'individu, le patronyme dans certains cas, l'ancienneté de la présence individuelle et/ou familiale en France, l'importance des réseaux de soutien et, aussi, la représentation qu'ont les employeurs de certaines caractéristiques des candidats à l'embauche, tel le phénotype mélano-dermique. Pour les jeunes femmes, au-delà du diplôme obtenu – déjà très lié aux origines sociales familiales –, un effet cumulatif de ces origines peut être observé au moyen d'analyses statistiques reposant sur des modèles probabilistes. Plusieurs situations et variables sont donc associées aux fréquences différentes des situations de chômage parmi les actifs (la nationalité effective de l'individu, le patronyme dans certains cas, l'ancienneté de la présence individuelle et/ou familiale en France, l'importance des réseaux de soutien, le lieu de résidence, et aussi, la représentation qu'ont les employeurs de certaines caractéristiques des candidats à l'embauche, tel le phénotype mélano-dermique).

Des recherches récentes ont aussi intégré la question des lieux de résidence dans l'explication des phénomènes sociaux, tels que les comportements politiques et les différences de fréquence du chômage parmi certaines populations. En 1990, les catégories de l'action publique (ZEP, ZUS) étaient encore récentes (créées dans les années 1980), les quartiers concernés, manifestement moins stigmatisés et médiatisés dans un registre dramatisant qu'aujourd'hui. Ce qui explique la faible prise en compte de ces dimensions dans les travaux qui illustraient aussi, à partir de l'EDP, le caractère moins marqué de la ségrégation en France par rapport à celle observée aux États-Unis, ainsi qu'un ouvrage du sociologue Loïc Wacquant (2007), citant ces travaux, l'a mis en évidence.

Désormais, le fait d'avoir vécu ou de vivre ZUS est pénalisant. 18 % des 20-29 ans, fils et filles d'au moins un parent immigré habitaient en ZUS en 1999 (ils étaient 25 % en 1990 quand ils avaient de 11 à 20 ans). Les jeunes adultes issus de deux parents français de naissance ne sont que 6 % dans cette situation en 1999. On constate, pour la probabilité d'occuper un emploi, des effets négatifs associés à la résidence en ZUS, désormais significatifs. Après avoir mis en évidence ce phénomène dans un rapport rendu public en novembre 2003, Jean-Paul Fitoussi, Éloi Laurent et

Joël Maurice (2004) ainsi que l'immense majorité des chercheurs sur leur groupe de travail *Ségrégation urbaine et intégration sociale* du Conseil d'analyse économique, étaient opposés aux statistiques ethniques, reprenant notre position en faveur d'études longitudinales, exprimée dans l'annexe 3 du rapport. Des travaux complémentaires effectués à l'INSEE en 2005 par d'autres chercheurs ont confirmé l'importance de la nationalité effective des individus et ont montré les potentialités associées aux appariements des données de l'EDP à des données salariales. Dans ce contexte, les nouvelles propositions développées ces derniers mois par des membres de la commission Yazid Sabeg-François Héran, semblent en rupture avec la tonalité des conclusions de ces travaux.

La perspective d'appréhender des dynamiques et trajectoires amène enfin à évoquer un dernier point qu'il semble nécessaire d'aborder : les débats autour des statistiques ethniques ne peuvent être seulement appréhendés à partir de la thématique des discriminations. La question des conséquences de l'instauration des statistiques ethniques dans la réalisation ou la production de projections démographiques n'est pas marginale. Plusieurs pays ont toujours refusé, pour ces raisons, les données ethniques, relativement à leurs conséquences dans des travaux prospectifs qui auraient la légitimité associée à la statistique publique. Les données socio-démographiques officielles sont, dans une bonne moitié des pays du Conseil de l'Europe, très semblables à celles de la France (en 1991, des variables « ethniques » sont apparues dans le protocole du recensement en Grande-Bretagne, alors seul pays de l'UE où de telles catégories étaient instituées). On peut ainsi constater la qualité des analyses des comportements politiques des jeunes Français dont les parents sont issus de l'immigration étrangère, ou encore, et il s'agit là d'une question différente, des Français issus de familles originaires d'un département d'outre-mer, telle l'étude du politologue américain Rahsaan Maxwell (2009) à partir des enquêtes de l'Insee.

L'ethnicisation des appartenances porte en elle des processus d'effacement de l'universel au profit de logiques nettement privatives (et même privées) (Bolnick *et al.*, 2007). Il serait possible aussi d'examiner si les discriminations existantes participent à la construction d'une population de citoyen(ne)s à se définir d'autant plus sur et « dans » des registres (référentiels et « de population ») « ethniques » qu'ils et elles se sentent discriminé(e)s, dans la durée. Le repérage de caractéristiques individuelles d'individus identifiés au sein de communautés, éventuellement aidées, en partie constituées à partir de solidarités économiques et sociales dont le caractère privé est indéniable peut être effectué fort loin de tout ancrage dans des processus sociaux (politiques publiques, affirmation de droits) non discriminants. Les données statistiques françaises disponibles permettent de réaliser nombre de recherches comparables à celles effectuées à l'étranger, les dangers d'un essentialisme dans l'approche en moins. D'autre part, l'essentialisation des appartenances cadre mal avec une approche de l'intégration pensée comme un processus difficilement mesurable dont les principales composantes, une fois pris en compte l'aspect démographique et résidentiel de la présence sur un territoire, seraient de nature socio-économiques et politiques. La catégorie « enfant d'immigré(s) » pourrait être à la base d'un objectif ambitieux de politique de lutte contre les discriminations, car fondé sur un « rattrapage » de handicaps en une seule génération. Il convient de poursuivre les recherches à partir des données existantes, sans introduire de statistiques ethniques.

Spécificité de la perception des discriminations en France[1]

Roser Cussó

La Direction générale de l'Emploi, des affaires sociales et de l'égalité des chances de la Commission européenne a commandé en 2006 une première enquête sur la discrimination dans l'Union européenne. La seconde a été effectuée en mars 2008 et publiée en juillet (Eurobaromètre, 2008). La France s'y distingue nettement des 26 autres pays de l'Union par sa sensibilité beaucoup plus forte aux discriminations perçues, alors qu'elle se situe dans la moyenne des pays pour les discriminations constatées.

La partie la plus importante du questionnaire de l'enquête effectuée sur environ 1 000 personnes dans chaque pays porte sur l'opinion au sujet des différents types de discrimination et sur leur évolution. La question s'énonce ainsi : « *Pour chacun des types de discrimination suivants, dites-moi, selon vous, s'il s'agit de quelque chose de très répandu, d'assez répandu, de plutôt rare ou de très rare en (le pays considéré).* » Les types de discrimination passés en revue sont l'origine « ethnique », le handicap, l'âge, le sexe, la religion (ou conviction) et l'orientation sexuelle. Les pays ont été classés pour chaque question en fonction de la proportion de réponses à « *très répandu* » ou « *répandu* ».

1. Nous remercions Hervé Le Bras qui est à l'origine de ce chapitre.

Sur 27 pays, la France arrive en tête pour la perception de discriminations en raison du handicap (61 % des réponses pour une moyenne européenne de 45 % et un minimum de 21 %). Elle a le deuxième score le plus élevé pour la perception des discriminations selon la religion (57 %, pour une moyenne européenne de 42 %, un minimum de 10 %). Elle est deuxième ex-æquo pour la perception des discriminations ethniques (76 %, pour une moyenne de 62 %, un minimum de 23 %), quatrième pour la perception des discriminations selon le sexe, cinquième selon l'orientation sexuelle, et huitième selon l'âge. Enfin, elle est la première dans la perception des discriminations multiples (49 % pour une moyenne européenne de 37 % et un minimum de 17 %).

Comment expliquer ce sentiment général de discrimination en France ? Il se peut qu'il résulte, quel qu'en soit le motif, d'une conception générale de la discrimination que ne partagent pas les autres pays de l'Union. Par exemple, dans la langue française, le terme de discrimination pourrait avoir une signification plus faible que dans les autres langues, et conduire à percevoir une discrimination là où un Allemand, un Anglais, un Tchèque ne verraient qu'une différence peu pertinente. Si c'était exact, l'autre pays avec une importante population francophone, la Belgique, devrait aussi être plus sensible aux discriminations, ce qui n'est pas le cas (en moyenne la Belgique est au 10e rang européen pour la perception des discriminations). Pour comprendre l'obsession française, il faudrait disposer de données d'observation des discriminations et non d'opinion. À défaut, l'enquête Eurobaromètre fournit toutefois deux éléments intéressants : la proportion de personnes déclarant *avoir subi* une discrimination au cours des douze derniers mois et la proportion de personnes déclarant *avoir été témoins* d'une discrimination.

Ces deux proportions ne constituent pas une mesure directe de la discrimination, mais en sont plus proches que la perception vague de chacun des types de discrimination qui viennent d'être passés en revue. Comme on peut s'y attendre, la perception des discriminations croît avec la fréquence des témoins, qu'elle dépasse de 10 % en moyenne (des proches de la personne enquêtée ont pu être témoins). Mais quatre pays se détachent nettement du lot des 27 – la France, l'Italie, le Portugal et la Grèce – pour lesquels la perception se situe 30 % au-dessus de la proportion de témoins. Il serait vain d'y voir une spécificité méditerranéenne car l'Espagne et Chypre ne présentent pas un tel écart.

La perception particulièrement vive des discriminations en termes de témoignages est encore plus contrastée en termes d'expérience déclarée : par exemple, selon l'étude, parmi les 19 % des enquêtés en France qui considèrent avoir subi au moins une discrimination dans l'année de référence, seulement 2 % déclarent l'avoir subie pour des raisons « ethniques » (contre 76 % dans leur perception).

Le large décalage entre la sensibilité aux discriminations et l'expérience personnelle, expérience qui comporte elle-même une part subjective, est similaire au Portugal, en Grèce et en Italie. En revanche, la situation dans ces pays ne s'explique vraisemblablement pas par les mêmes raisons qu'en France. Les trois premiers pays connaissent de vrais problèmes sociaux, mais d'inégalité plutôt que de discrimination. Ce sont les trois pays d'Europe occidentale où les écarts de revenus sont les plus élevés, et ce, largement[1]. Ce sont aussi les trois pays qui ont le plus fort taux de pauvreté (20 %, contre 13 % en France). Les différences

1. Écarts mesurés par le rapport des revenus des 20 % les plus riches à ceux des 20 % les plus pauvres : 7,2 au Portugal, 6,0 en Grèce, 5,6 en Italie contre 4,2 en France et 4,4 en Allemagne.

de salaires entre hommes et femmes sont élevées, et la proportion de femmes dans la population active y est parmi les plus faibles d'Europe. En outre, leurs dirigeants politiques sont amplement discrédités et considérés comme corrompus et inefficaces (particulièrement en Italie et en Grèce). On en trouve confirmation dans une autre question posée par l'Eurobaromètre sur le soutien ou l'opposition à des mesures de « surveillance des procédures de recrutement » pour les candidats issus de « minorités ethniques », soit donc des techniques analogues aux *testings*. Les Français y croient massivement (ils figurent en 4e position des Européens les plus convaincus, derrière le Danemark, la Suède et les Pays-Bas avec 80 % en faveur de ces mesures), tandis que les Italiens sont parmi les plus sceptiques, sachant que de telles mesures ne seraient pas réalisables dans un marché du travail peu contrôlé où les recrutements ne pêchent pas par la discrimination mais par son image miroir, le piston.

Puisque la France n'a pas les mêmes raisons que les trois pays du sud de l'Europe d'avoir une forte sensibilité aux discriminations, quelle en est la cause ? Il est important de la rechercher car les enquêtes actuelles sur le sentiment de discrimination, la nomination de Yazid Sabeg au commissariat à la Diversité et à l'Égalité des chances, et la création du COMEDD participent à cet état d'esprit qu'ils encouragent. Ils en sont l'émanation et entretiennent l'impression qu'il s'agit d'un problème central de la société française. Deux pistes peuvent être explorées, celle d'un sentiment égalitaire plus prononcé en France que dans d'autres pays, et celle d'un repli général des Français dans leur sphère domestique.

La première piste a souvent été défendue par les philosophes et historiens politiques de la France : sa population aurait acquis une passion particulièrement forte pour l'égalité dans le sillage de la Révolution française. Or, malgré un gouvernement démocratique qui pourrait en théorie changer la distribution des richesses, celle-ci devient de plus en plus inégalitaire depuis le début du millénaire. Parallèlement, le taux de pauvreté qui avait baissé durant plusieurs dizaines d'années remonte à partir de 2002. Or, au lieu de prôner une lutte directe contre les inégalités, le gouvernement et une partie de l'opinion préconisent de s'attaquer à l'une de ses facettes superficielles, la discrimination. Pour ceux qui trouvent le terme « superficiel » un peu violent, donnons-en la raison : on sait que l'inégalité est d'origine sociale et se fabrique dès la petite enfance par le milieu parental, puis par l'école primaire et l'école secondaire. En ce sens, elle est profonde, parfois enfouie sous des dizaines d'années d'existence. Au contraire, les discriminations sont prises en compte au point d'arrivée, au moment de l'embauche, quand la sélection sociale a opéré. Pour les comprendre et les combattre, il faut les replacer dans le long processus qui a mené au seuil de l'embauche. Alors, inéluctablement ressurgiront les facteurs sociaux de sélection, ceux dont on ne veut pas entendre parler dans les sphères gouvernementales. Au fond, à la fiction de l'égalité, certains ont choisi de répondre par la fiction sociale de la lutte contre les discriminations. Fiction sociale, non pas fiction. Puisque la marche vers une égalité sociale est interrompue et considérée comme impossible parce qu'elle imposerait une redistribution des ressources, contentons-nous d'une lutte contre les discriminations qui ne remet pas en cause la répartition économique mais redistribue les situations à la marge. En bref, les enquêtés en France, face à un questionnaire (Eurobaromètre) qui ne pose que des questions sur les discriminations, répondraient par rapport aux inégalités (aussi)...

La seconde piste, pour expliquer la sensibilité française aux discriminations, passe par un constat plus général qui conserve une part de mystère. Enquête européenne après enquête européenne, les Français se montrent les plus pessimistes des Européens. Dans l'enquête sur la discrimination, par exemple, ils sont toujours parmi les plus négatifs sur l'évolution de la discrimination. À la question de dire si «*par rapport à il y a cinq ans, la discrimination suivante (les 6 cas) est plus ou moins répandue*», ils sont en 4e position sur 27 pour penser que la situation a empiré en matière de religion, en 5e en matière de handicap, en 7e en matière ethnique, d'âge et de sexe, et en 12e en matière d'orientation sexuelle. Comme dans le cas de leur perception des discriminations, leur idée de l'évolution est homogène, valable pour toutes les discriminations, sans distinction de nature. Ce pessimisme est en effet plus général.

Dans les enquêtes Eurobaromètres, ils sont ceux qui ont le plus peur d'être un jour réduits à la pauvreté et sans domicile, ceux qui craignent le plus l'effondrement de leur système de retraite, ceux qui pensent le plus souvent que leurs enfants auront une existence moins aisée que la leur. Dans les enquêtes standard passées chaque année, ils sont les plus nombreux à penser que l'Europe ne les protège pas et ne les aide pas dans la mondialisation. Repliés dans leur cocon, ils mettent la famille en tête de leurs valeurs, consomment plus que la plupart des Européens malgré la crise et peuplent leur foyer avec plus d'enfants que tous les autres puisque leur fécondité est la plus élevée des 27 pays de l'Union. L'extérieur, même proche, est perçu comme un espace dangereux où règnent l'insécurité et la discrimination. Cette dernière n'est qu'un signe supplémentaire du dérèglement général de la société. Elle existe parce qu'on discrimine de plus en plus leurs proches. Eux-mêmes s'estiment ouverts aux autres mais les autres ne le leur rendent pas (par ailleurs l'enquête Eurobaromètre ne pose pas la question des discriminateurs, supposant que tous les enquêtés ne sont que des victimes potentielles !). Ainsi, de manière qui pourrait paraître surprenante, à une question d'Eurobaromètre sur l'attitude vis-à-vis des Roms, la France est le troisième pays à donner la réponse la plus positive à la possibilité d'avoir un voisin gitan (les Italiens étant en dernière position). La question elle-même donne la mesure du fantasme : les gens du voyage voyagent et deviennent rarement des voisins sédentaires. En exprimant leur préoccupation au sujet des discriminations, les enquêtés en France expriment donc à la fois leur attachement à l'égalité, leur repli et leur bonne conscience.

Nous ne prétendons pas présenter autre chose que des pistes, mais les quelques hypothèses qui viennent d'être faites montrent l'urgence des recherches non pas sur le « ressenti d'appartenance » ou sur celui de discrimination mais sur les mécanismes psychosociaux qui engendrent les fantasmes et les distorsions de la réalité sociale. Contrairement au président du COMEDD qui a écrit, dans un article du *Monde*, que l'objectif et le subjectif sont analogues, nous pensons qu'ils peuvent diverger très profondément, surtout dans des enquêtes où seulement la notion de discrimination est évoquée à des enquêtés en France dont 87 % considèrent n'appartenir à aucune « minorité »[1].

1. Ce qui est très remarquable au moment où l'on considère qu'entre 16 et 20 % des Européens sont des personnes handicapées, donc pouvant se sentir potentiellement appartenir à une minorité dans le sens de l'étude.

Technique, science, éthique, politique
Les enjeux du débat sur la mesure de la « diversité »

Maryse Tripier

Vouloir s'appuyer sur des résultats scientifiques pour promouvoir des politiques publiques est courant et légitime. Pour autant l'éthique scientifique suppose quelques *requisits :* être indépendant des acteurs, voire des *lobbies* impliqués dans lesdites politiques, respecter les règles des disciplines concernées pour valider les résultats et les soumettre à un débat public contradictoire, transparent et susceptible d'évolution. Dans le cas qui nous concerne, il s'agirait d'asseoir une politique de lutte contre les discriminations ethno-raciales sur des recherches produisant des mesures, et à terme des indicateurs chiffrés, permettant d'évaluer les succès ou les échecs de ladite politique.

Pour les sciences sociales engagées dans des travaux sur le racisme, la xénophobie, les stéréotypes, l'ethnicisation des rapports sociaux, les mécanismes d'identification ou de domination, la question des discriminations se pose comme pratique sociale prenant appui sur ces représentations ; mais elle ne s'y limite pas. Pour avancer, il faut déjà sortir de la confusion des termes et des objets, c'est ce que nous tenterons de clarifier. Les notions qui relèvent de près ou de loin de la question de la « diversité » n'ont pas le même degré de conceptualisation, et n'induisent pas les mêmes méthodes pour les étudier.

Nous en traiterons trois: la discrimination, l'origine et l'ethnicité.

La discrimination

Pour les juristes, les choses sont à peu près claires. Pour la HALDE (Haute autorité de lutte contre les discriminations et pour l'égalité), discriminer, c'est « traiter différemment des personnes placées dans des situations comparables en se fondant sur un ou des critères prohibés par la loi ou les engagements internationaux ». Encore que les notions de discrimination directe et indirecte, légale et illégale, individuelle et collective, univoque ou multifactorielle (femme et noire, syndicaliste et issu de l'immigration...) soient plus complexes qu'il n'y paraît, comme d'ailleurs les charges de la preuve et les moyens de lutte contre ces situations.

Pour les démographes, et les sociologues qui cherchent à faire de grandes enquêtes quantitatives ayant valeur représentative, qu'entend-on par discrimination, et comment en attester? Un premier écueil est de s'en tenir au constat d'inégalités. On ne peut « sauter » du constat d'inégalité à l'affirmation de discriminations. Il y a des chaînons manquants. Ainsi quand P. Bourdieu et J.-C. Passeron (1966) ont constaté les inégalités de réussite universitaire chez les enfants d'ouvriers, leur interprétation s'est tournée vers l'existence d'un handicap socio-culturel. Plus tard, C. Baudelot et R. Establet (1980) ont constaté que l'école « divise » son public par des orientations précoces. Quant à l'analyse de L. A. Vallet et J.-P. Caille (1996) sur la réussite scolaire, elle a conduit à construire un indice d'extranéité et à montrer que, toutes choses égales par ailleurs, les enfants « d'étrangers », ainsi classifiés, obtenaient de meilleurs résultats, avec pour principale explication, la mobilisation parentale. Plus récemment G. Felouzis (2005) a parlé de collèges « ségrégués », la construction de la variable « allochtone » s'étant faite à partir du prénom des élèves.

Dire que l'école discrimine, en fonction de critères sociaux, « ethniques », territoriaux, suppose d'aller plus loin que le constat d'inégalités et de se pencher sur la fabrique de ces mécanismes, comme l'on fait – sur des cas, donc sans prétention de représentativité – J.-P. Payet (1995) et Léger et Tripier (1986). Comme l'indique D. Fassin (2006), on peut constater des faits et s'en tenir à une dénégation de la discrimination, en reportant sur les victimes la charge de leur insuccès. Le constat d'inégalités et même les calculs « toutes choses par ailleurs » ne fondent pas *de facto* une interprétation en termes de discrimination.

L'attestation de discrimination a été tentée par les méthodes de *testing*, qui se conçoivent sur un schéma expérimental (toutes choses égales par ailleurs) et donnent des résultats. La critique portée à ces tests, outre les problèmes éthiques signalés aux États-Unis, quand les enquêteurs « cobayes » subissent des agressions psychologiques, est qu'elle ne démontre que des discriminations directes. Nous voilà rendus au problème des discriminations indirectes, difficiles à attester également, par de simples écarts à la moyenne (entre une entreprise et un bassin d'emploi par exemple). En toute logique, les constats d'écarts ne font que proposer des hypothèses de discrimination. Comment décrire le processus par lequel des entreprises qui ont employé massivement des immigrés ont créé *de facto* un bassin d'emploi ? La concentration dans les logements relève-t-elle de la discrimination ou de processus de ségrégation et d'auto-regroupement, de ghettoïsation, tels que déjà décrits par l'École de Chicago ? On ne peut participer, en tant que chercheur, à une opération réductionniste qui détourne le terme de discrimination de sa substance légale, l'étend sans débat et se prive de tous les autres concepts des sciences sociales.

C'est pourquoi les chercheurs insistent sur la nécessité d'enquêtes, les plus diverses dans leurs conceptions, leurs méthodes et selon les contextes, pour attester des discriminations et comprendre le processus de leur mise en œuvre (études de cas judiciaires, analyses comparatives de parcours, récits d'épreuves, observation de situations « naturelles »...) Il serait bon que ce pluralisme des approches soit encouragé. Et, de toutes façons, chacun le sait, même sans chiffres les discriminations existent.

L'origine

L'origine a pour caractéristique, dans le langage de nos interlocuteurs actuels, de tout inclure sauf l'origine sociale. Origine nationale, géographique, culturelle, linguistique, religieuse, raciale. Elle se réfère à une filiation, une généalogie qui ne s'applique en réalité qu'à ceux qui sont d'immigration récente, voire aux immigrations postcoloniales ou à ceux que l'on appelle les « minorités visibles ». La critique du déterminisme sous-jacent à cette obsession des origines décrite par Hervé Le Bras a été faite. Elle n'empêche pas les chercheurs de faire légitimement des hypothèses sur le poids des parcours de migration et d'installation sur la « réussite sociale », sur la vie quotidienne et les relations sociales des personnes considérées comme « étrangères » ou visibles à un moment donné, ni sur le traitement que la société leur réserve. Nous avons plutôt manqué d'une histoire de l'immigration et des immigrés dans ce pays et de leur « accueil », qui se comble progressivement, tant par des monographies que par des enquêtes plus vastes.

On ne peut cependant se servir de cette notion sans en distinguer les dimensions selon les problèmes à étudier.

L'origine géographique ne se superpose pas systématiquement à la langue parlée, à la religion, au phénotype, et cette dissociation ne pourra que s'accroître avec le temps et la mixité. S'agissant de l'école, la francophonie de la famille peut être un élément utile à connaître et ne se confond pas avec la nationalité ; on peut à loisir développer d'autres exemples. Si l'on décompose la notion d'origine, on peut donc, sur certaines dimensions, obtenir des variables au sens où l'entendent démographes, sociologues et économistes. C'est déjà le cas de l'origine géographique. Le recensement français (comme tous les autres) connaît le lieu d'origine du répondant et dans l'« enquête famille » de l'Insee (1999), on documente celui des parents. Il en est de même pour la nationalité d'origine, l'ancienneté de la migration, les langues parlées en famille et la religion (Filhon, 2007). Une recherche extensive de la Caisse nationale d'assurance vieillesse sur les vieux immigrés a été également autorisée à spécifier la religion (Attias-Donfut, 2006). Par ces deux derniers indicateurs, on approche l'origine « culturelle ». Décomposée d'abord, recomposée ensuite, l'origine « géographique-nationale-culturelle » peut ainsi être décrite, mais n'a d'intérêt que pour poser des questions de recherche. Surtout, la mondialisation entraîne une diversité croissante des origines dans tous les pays qui met les statisticiens devant un dilemme classique : garder la richesse de l'information au risque de la fragmenter ou réduire par englobement au risque de produire des artefacts, en l'espèce un pseudo « référentiel ethno-racial ». L'autre difficulté tient à la définition des origines mixtes qui complexifient encore le tableau. En bref, en prenant les précautions simples des règles de la méthode, on peut se servir des différentes dimensions de l'origine tout en récusant l'usage du mot-valise « origine » qui, non décomposé, ne sert pas à grand-chose en termes de recherche ; mais est-ce le but recherché dans cette procédure ?

L'ethnicité

Là où les choses se compliquent, c'est quand on fait l'hypothèse, justifiée à nos yeux, que les rapports sociaux se basent *aussi* sur des représentations croisées sur l'origine réelle ou supposée des acteurs en interaction. Certes, cette grille de lecture « ethnicisante » ne joue jamais seule, et s'articule à d'autres éléments de contexte et d'autres attributs, mais elle existe et, on peut même supposer qu'elle se développe en France.

Dans les pays d'esclavage, une « *colour line* » s'est imposée et il serait absurde de la nier : mieux vaut l'étudier. Par ailleurs, toutes les recherches montrent qu'être perçu comme d'une autre couleur que la majorité, entraîne des difficultés, ou au moins une spécificité du vécu quotidien. C'est le stigmate dont parle E. Goffman (1975) et qui n'a plus de lien avec l'origine migratoire, ou la nationalité étrangère. En suivant F. Barth (1969), qui explique que les frontières « ethniques » n'ont rien à voir avec l'existence d'ethnies mais tout avec les relations de pouvoir, s'ouvre un champ de recherche qui a sa légitimité. L'imputation de juif dans l'affaire actuelle du « gang des barbares », la chaîne de stéréotypes attachés à cette imputation, méritent étude. Or dans l'histoire académique française, la recherche s'est longtemps cantonnée à l'explication et la dénonciation des idéologies racistes, à réfuter l'existence des races, au détriment d'une sociologie empirique des faits de racisme. Étudier l'ethnicisation des rapports sociaux est nécessaire ; mais opérationnaliser, même à une stricte fin de recherche, une notion aussi synthétique que l'ethnicité en variable d'usage statistique reste une gageure, et ce pour plusieurs raisons.

La première est que l'ethnicité a deux faces : une face externe, où la catégorie est définie par le groupe majoritaire, et une face interne, basée sur l'autodéfinition (Juteau, 1999 ; Poutignat & Streiff-Fenart, 1995). Barack Obama est-il noir ? Et si oui, pour qui et où ?

Ce concept est donc dépendant des relations entre au moins deux groupes (le majoritaire et le minoritaire), donc des situations historiques qui ont construit cette relation. Le poids des histoires nationales et la conception de la nation ont dessiné les critères de désignation dominants et les catégories d'affectation, rendant difficile la comparaison internationale et dans le temps. Notre histoire est, à cet égard, spécifique par sa dimension coloniale d'une part, et sa tradition universaliste revendiquée d'autre part. Ce n'est pas pareil d'être désigné comme Arabe en France selon les époques et aux États-Unis, avant ou après le 11 septembre 2001. Cette approche constructiviste, non essentialiste, se heurte souvent à l'incompréhension, tant le mécanisme de substantification est courant.

Comme le dit Aspinall (2007), le label ethnique est « sémantiquement localisé » on peut ajouter évolutif et contingent, donc peu « robuste », rarement consensuel et se prêtant mal à la mesure, sauf à un temps T, dans un pays T, dans une situation T. Ce n'est pas une bonne variable au sens de la statistique officielle ; mais des chercheurs peuvent, selon nous, construire, à un moment donné, les catégorisations qui leur semblent pertinentes pour des recherches contextualisées. Comme l'ont montré De Rudder et Vourc'h (2006), les tentatives de statistiques ethniques à fin de décompte comportent une part essentielle de bricolage pour être vraisemblables. Pour certains d'entre nous, ces statistiques sont moins des outils que des objets de recherche sur la vision que la société a d'elle-même.

Pourtant des « statistiques « ethniques » existent déjà dans le domaine de l'épidémiologie, qui recouvre des préoccupations légitimes. On sait que dans certaines populations, localisées géographiquement, existent des prévalences pour certaines affections. S'il est utile de le savoir pour soigner, on assiste parfois à des extensions « raciales » sans rapport avec ces localisations[1]. Dans la vie sociale, et nombre d'institutions, on assiste à des bricolages *ad hoc* à usage interne, qui ont souvent en commun de naturaliser, de généraliser et de figer des différences perçues comme pertinentes. Faut-il alors plutôt améliorer la connaissance des publics de ces institutions en aidant les professionnels à déconstruire leurs stéréotypes ? Ou banaliser ces procédures à grande échelle, les consacrer, les légitimer, par l'intervention de la puissance publique et la caution des chercheurs ?

La recherche pour quel usage ?

Il nous semble qu'il faut distinguer quatre niveaux, qui interfèrent mais doivent d'abord être identifiés, s'agissant de la pratique des enquêtes et recherches diverses dans le domaine des statistiques dites de la « diversité ».

– le niveau technique : leur validité et fiabilité, la qualité des échantillons, des modes de passation, les biais de la sous-traitance, le niveau et le type de connaissances attendues et réellement produites, etc. De ce point de vue, nous venons d'illustrer qu'elles ne se ressemblent pas toutes.

– le niveau scientifique : quels concepts et théories sous-tendent, même implicitement, les questionnaires et méthodologies envisagés. Que signifie ainsi l'usage du concept de diversité ? Est-ce seulement un concept ?

1. Voir les polémiques suscitées par la mise sur le marché états-unien du BiDil (pour bidilatateur), « premier médicament pour les Noirs ». <http://www.essentialdrugs.org/emed/archive/200507/msg00000.php>.

L'objet d'une dilution dans un fourre-tout de diverses logiques d'exclusion ? Ou un euphémisme pour parler des ethnies et des races ? Et pourquoi, s'agissant des discriminations, les appartenances syndicales ou les choix de vie, en bref les identités non héritées n'apparaissent jamais dans ce débat ? Nous avons tenté de montrer que les variables ne sont pas des concepts et qu'il faut plus que des constats pour mettre en évidence les rapports sociaux qui ne se donnent pas à voir en eux-mêmes, et dont il faut dévoiler la mécanique.

– le niveau éthique : qu'impliquent certaines recherches à ce niveau ? Le chercheur à cet égard n'est pas neutre et en surplomb. Le questionnaire de l'INED, sur le seuil de tolérance, dans les années 1970, était angoissant (outre son biologisme sous-jacent). Les questions posées apparaissent aujourd'hui extravagantes, mais montrent l'enracinement du couple « immigration-problème ». En voici une, au hasard : « *Avez-vous l'impression que, dans l'ensemble, si on les compare aux Français, les étrangers vivant en France se conduisent normalement, plutôt mieux, plutôt moins bien ?* » (Girard *et al.*, 1974 : 1027). Les chercheurs ont, à l'époque, critiqué l'effet négatif du questionnaire sur la vision des étrangers.

Que faisons-nous en nous intéressant seulement aux victimes supposées du racisme et de la discrimination et en leur demandant de s'affilier ? Dans les entreprises, ne va-t-on pas renforcer la vision ethnicisante en demandant aux gens de s'affilier, même subjectivement, pour obtenir un label diversité et échapper à des poursuites pour discrimination ? *Quid* sur le plan déontologique de la participation de la statistique publique à ces enquêtes et de l'usage qui pourra en être fait ? La question du droit et de la loi, des instances de contrôle, devient alors centrale.

– le niveau politique : ces recherches et ce débat ne se déroulent pas dans un univers lisse et intemporel. Qui veut quoi ? Dans quel contexte politique, voire de philosophie politique, se déroule ce débat ? Nous avons peut-être des avis divergents, mais aussi un attachement à ce que nous appelons l'exception française. Pour aller vite : modèle républicain français (bien que souvent aveugle) versus modèle communautariste anglo-saxon (parfois fixiste). Ce débat s'étend à des questions liées : Égalité/équité. Mixité/mobilité, etc. La question du différentialisme sous-jacent à ces démarches doit être évoquée ; ce dernier n'a rien à voir avec l'idéal de pluralisme et de tolérance.

Enfin, le modèle de gouvernance managérial, basé sur la concurrence qui tente d'entrer en force dans tous les secteurs de la société (école, université, hôpital, marché du travail, etc.), est porté aujourd'hui avec force par la droite. Comment croire que l'intérêt porté aux minorités serait le seul secteur à échapper à ces logiques, et ne voit-on pas déjà les concurrences entre victimes et les *lobbies* divers s'emparer de ce nouveau marché politique, voire d'un nouveau « *business* » ? Est-il possible de dépolitiser cette question ? Et que signifie cette apparente dépolitisation, si ce n'est la disparition de la question sociale ?

Évanescente diversité

Véronique De Rudder & François Vourc'h

Il est déjà loin le temps (1980) où l'un des auteurs de ces lignes, discutant avec des dirigeants du MRAP (Mouvement contre le racisme et pour l'amitié entre les peuples), leur déconseillait (sans succès) d'intituler leur nouvelle revue *Différences* et leur suggérait de préférer, par exemple, le titre *Diversité*, en arguant du fait que l'imputation de différence signifiait le plus souvent procès en infériorité ou/et en extériorité, tandis qu'on ne pouvait pas « accuser » quelqu'un d'être trop ou mal « divers ».

Aussi invraisemblable que cela ait pu paraître à l'époque, c'était faux ! Aujourd'hui, il y a des gens repérables comme « divers », ou « issus de la diversité », comme il y en a qui sont « issus de l'immigration ». D'ailleurs, ce sont le plus souvent les mêmes ! Décidément, les mots n'ont pas de sens, ils n'ont que des usages, aussi contournés soient-ils.

D'où vient que la promotion de la « diversité » soit devenue, en France, en quelques années, un objectif politique sensé, un but rationnel, voire une exigence morale ?

Aux États-Unis : La « diversité », dernier refuge de l'*Affirmative Action* ?

La notion de « diversité » (si l'on peut dire, tant le contenu sémantique du mot est vague et flexible) vient des

États-Unis, plus particulièrement des conséquences prolongées d'un arrêt de la Cour Suprême qui, tout en rappelant le caractère anti-constitutionnel de toute « préférence » ou réservation de places basée sur la « race », reconnaissait que la promotion de la diversité (y compris « raciale ») constituait « un but légitime » pour une université (en l'occurrence, celle du Michigan) : « *Student body diversity clearly is a constitutionally permissible goal for an institution of higher education* »[1].

Sans entrer dans le détail des multiples péripéties dans lesquelles la « diversité » a été convoquée ou révoquée juridiquement ou politiquement depuis une trentaine d'années (Liptak, 2002), il faut souligner que, pour beaucoup d'auteurs états-uniens, cette référence reste l'un des derniers remparts contre le démantèlement des politiques d'*Affirmative Action.* C'est « l'argument utilisé quand tous les autres ont échoué », déclare ainsi Peter H. Schuck (2005), de l'université de Yale. Elle n'en est pas moins considérée par la plupart d'entre eux comme floue, *fuzzy,* selon Nathan Glazer (2000), car on ne peut en délimiter l'extension : « Il est très difficile de dire qui cela concerne. » Certains critiques soulignent qu'elle est d'autant plus attractive qu'elle n'impose aucune politique compensatrice (Volokh, 1998), et que, loin de fournir un véritable code pour lutter contre les discriminations « raciales », elle participe en fait d'une dilution de leur illégalité (Colb, 2002). Globalement, comme le signale avec force Christopher S. Arlene (2003) : « *The notion of diversity [...] does not address how material relations of power work to sustain structures of inequality and exploitation in the current racialization of the social order. It is more centered around*

1. Regents of the University of California v. Bakke, 438 U.S. 265 (1978).

the acknowledgement of different races and different cultures, rather than focused on examining social problems of inequity and discrimination. »

En France, un intense *lobbying* patronal

En France, la promotion de la notion de diversité a été l'objet d'une intense politique de communication. Le centre névralgique de cette campagne en a été l'Institut Montaigne, « *Think tank indépendant* » d'une partie du grand patronat français, présidé par Claude Bébéar, ancien dirigeant d'Axa[1]. Son bras armé principal en a été Yazid Sabeg, dirigeant d'une entreprise de services informatiques, coauteur, en 2004, d'un ouvrage en faveur de la « discrimination positive » (Sabeg & Sabeg, 2004) et d'un rapport, co-signé avec Laurence Méhaignerie, intitulé « Les oubliés de l'égalité des chances » (Sabeg & Méhaignerie, 2004). Yazid Sabeg a également promu, toujours en 2004, la « Charte de la diversité », signée initialement par 35 chefs d'entreprises privées, aujourd'hui rejoints par le Medef (Mouvement des entreprises de France), divers regroupements de patrons et de cadres et deux administrations publiques, l'Acsé (Agence nationale pour la cohésion sociale et l'égalité des chances), d'une part, et la Halde, d'autre part. Cet activisme a été récompensé : Yazid Sabeg a été nommé en 2008 commissaire à la Diversité et à l'Égalité des chances par le président de la République.

L'engouement médiatico-politique pour la notion de « diversité » est désormais à la mesure de l'investissement lobbyiste ici brièvement évoqué (plus de 600 articles dans *Le Monde* en 1 an !).

1. Voir le site de l'Institut : <http://www.institutmontaigne.org/organisation-128.html>.

Mais, comme toujours quand il semble y avoir consensus sur un vocable (cf. les interminables débats sur l'intégration), celui-ci repose sur des motivations divergentes et recouvre ou tente même de dissimuler d'intenses conflits d'interprétations.

Une menaçante diversion

Derrière l'irénique célébration de la diversité, contre quoi et pour quoi se mobilise-t-on ? Quand on l'ouvre, le baluchon « diversité » déballe en vrac tous les principes, toutes les références, tous les objectifs : lutte contre les discriminations, promotion de l'égalité des chances, multiculturalisme, pluralisme, *Affirmative Action* et discrimination positive, politique d'immigration et modèle républicain d'intégration...

On peut d'abord remarquer que l'engagement d'une part du patronat à promouvoir la « diversité » permet de faire passer une certaine ouverture des recrutements aux minoritaires – assez souvent rendue nécessaire par le simple effet démographique du départ en retraite de la génération d'après-guerre – pour une politique de lutte contre les discriminations, et même, pourquoi pas ? contre le racisme (ou le sexisme). Et que les chartes et autres protocoles promulgués en son nom, ne font bien souvent, comme l'a souligné Gwénaële Calvès (1999), qu'engager les signataires... à respecter la loi !

S'agissant de « l'égalité des chances », la politique de « diversité », si encore elle a quelque efficience, ne peut en aucune façon rater sa cible. Lorsque l'on est dans le domaine de la « chance », on sait que, comme au loto, 100 % des gagnants l'ont tentée (leur chance). Ce qui permet d'oublier que 100 % des perdants sont dans le même cas. Au mieux, les dispositifs de diversification produiront un effet « d'écrémage », tel qu'il a été identifié par William Julius Wilson (1994) : « Parmi cette catégorie de la population (*i.e.* "les pauvres des ghettos"), ceux qui sont les mieux pourvus en ressources économiques éducationnelles et sociales sont de fait sélectionnés. »

Les relations entre le multiculturalisme ou le pluralisme avec la diversité paraissent de l'ordre de l'évidence : là, justement, dans le multiculturalisme de fait de nos sociétés, accentué par l'accélération de la mondialisation, se trouve l'irrépressible diversification des populations qui partagent un même ensemble sociétal et une même formation sociale. Il suffirait donc d'en prendre acte. Mais qu'a-t-on dit quand on a « admis » cette réalité ? Rien. Rien sinon laisser entendre qu'un peu plus de « reconnaissance » des « identités » « particulières » ne ferait pas de mal à nos démocraties. Rien sinon d'attribuer, sempiternellement, à la « différence culturelle » ce qui relève des structures et des mécanismes de la domination et de l'exploitation (Bourdieu & Wacquant, 2000). Rien sinon entretenir la confusion entre ce qui relève au champ socio-économique et ce qui revient au champ culturel, ce dernier servant d'indéfectible diversion du précédent.

L'*Affirmative Action*, les politiques d'*Equal Opportunities*, dans les pays où elles sont mises en œuvre, suivent des modalités diverses, liées aux contextes historiques nationaux. Il ne s'agit à peu près jamais de politiques de « discrimination positive » (ou de *Reverse Discrimination*), au sens propre de ces deux expressions. Contrairement à ce qui est si souvent allégué, de telles politiques correctrices d'inégalités existent en France pour les handicapés, pour les femmes (loi sur la parité), pour les écoles (zones d'éducation prioritaire ou réseau ambition réussite...), pour des « territoires » (politiques de la ville)... Elles sont, au moins pour ce qui concerne ces deux derniers champs d'application, dotées de moyens si maigres qu'elles ne parviennent pas même à « contenir » tout à fait les effets socio-politiques des inégalités – effets qui sont donc aussi traités par la répression policière et la politique pénale (« émeutes » de 2005). Et leur « échec », que l'on prétend constater (hors toute procédure sérieuse d'évaluation), se trouvait déjà programmé dans leur anémie.

Depuis des lustres maintenant, les gouvernements français présentent la fermeture des frontières, la répression de l'immigration « clandestine » et l'expulsion des « sans-papiers » comme une nécessité pour réussir la politique (et l'impératif) d'intégration des immigrants légaux. Aujourd'hui, l'appel à une politique de « diversité » se pare des mêmes justifications : pour qu'elle puisse déployer tous ses effets positifs, elle doit être assortie d'une fermeté toujours plus ferme à l'égard des intrus. Les contrôles au faciès, les conversions sur place et subites d'immigrés légaux en immigrés illégaux, dans ce cadre, n'insécurisent pas seulement les « clandestins ». Ce sont tous les immigrés, et même leurs descendants qui se retrouvent en position de suspects. Face à la lutte contre l'immigration clandestine, face à la revendication d'une « immigration choisie », l'appel à la reconnaissance active de la « diversité » se révèle aussi comme une menace.

L'appel aux « bonnes pratiques » destinées à « promouvoir la diversité » s'accompagne le plus souvent d'une demande de données chiffrées destinées à attester des progrès ou des blocages en la matière. Une bonne part des données existantes, toutefois, est ignorée, alors qu'elle fait état non seulement des retards ou des blocages, mais d'une situation de discrimination systémique prolongée, voire, en certains cas, aggravée, notamment dans la conjoncture actuelle de crise économique. Cette discrimination est, en fait, parfaitement tolérée. Les condamnations se comptent, chaque année, sur les doigts d'une seule main ; les sanctions sont dérisoires ; l'appel à la pédagogie préventive et à l'éducation en vue de faire évoluer les mentalités et les représentations est strictement incantatoire et sans aucun moyen réel.

À l'examen, même grossier, du fatras que tente de rassembler et de dissimuler l'enveloppe chatoyante de la « diversité » dans le contexte actuel, la question dite des « statistiques ethniques » apparaît sous un autre jour.

On s'aperçoit en effet que, même parcellaires, les connaissances déjà rassemblées n'ont pas été mobilisées en faveur de la lutte contre les discriminations, moins encore en faveur d'une plus grande égalité. En quoi des données chiffrées basées sur « l'auto-identification » ou « le ressenti d'appartenance » permettraient-elles de sortir d'une telle apathie ?

Quant aux politiques de contrôle et de répression, rien ne laisse augurer – surtout pas l'existence même d'un ministère « de l'Immigration, de l'Intégration, de l'Identité nationale et du développement solidaire » – de leur retournement prochain.

Le contexte actuel, plus globalement, s'avère toujours menaçant pour les personnes et les groupes visés par un tel recensement, et il ne semble pas que l'immédiat avenir laisse entrevoir une embellie sur ce sujet.

Indépendamment des difficultés techniques et des impasses scientifiques auxquelles elles s'exposent et dont nous avons traité ailleurs (Vourc'h & De Rudder, 2003, 2006), les « statistiques ethniques » posent, dans un tel contexte global, des problèmes politiques que la justification par la lutte contre les discriminations ou la promotion de la diversité ne suffisent pas à résoudre.

Subjectivité et objectivité dans la mesure des discriminations

Jean-François Amadieu

Au printemps 2009, les conditions d'une réflexion sereine sur la mesure des discriminations et de la diversité n'ont pas été réunies. Le commissaire à la Diversité a clairement indiqué ce qu'il entendait mettre rapidement en place : une auto-déclaration du ressenti d'appartenance communautaire volontaire et anonyme. Il a exclu d'emblée d'autres méthodes : lieu de naissance des parents, patronymes.

Quant au fond, quelle est la question posée ? S'il s'agit de disposer de statistiques permettant de mesurer les discriminations, tout le monde est d'accord. S'il s'agit de mesurer la diversité en revanche, la finalité est plus discutable. En effet, l'idée que la composition ethnique ou raciale d'une équipe nationale de football doive être mesurée pour s'assurer qu'elle est conforme à la composition de la collectivité nationale ne fait heureusement pas consensus. L'application du même raisonnement est tout aussi dangereuse et choquante pour la télévision « les écrans pâles », la haute fonction publique « candidats de la diversité ou préfet musulman », les partis politiques ou les entreprises qui devraient à toute force être « aux couleurs de la France ».

Pour s'en tenir à la lutte contre les discriminations, il faut considérer les méthodes utilisables en fonction de leurs qualités techniques, de leurs effets et de leur acceptabilité.

Les méthodes déclaratives du ressenti d'appartenance

L'utilisation de méthodes déclaratives volontaires et anonymes, loin de faire progresser la lutte contre les discriminations, la rendrait plus difficilement mesurable et objectivable.

Les méthodes déclaratives sont subjectives par nature

La perception ou le ressenti des individus sur leur apparence physique sont évidemment nettement moins objectifs pour décrire l'apparence physique que des indicateurs comme la taille, le poids et l'indice de masse corporelle. La toise et la balance, quelles que soient leurs imprécisions, restent tout de même des moyens plus sûrs de déterminer si une personne est en surpoids. S'il s'agit par exemple de mesurer les discriminations dont souffrent les enfants obèses ou en surpoids, ou d'identifier des populations à risque, il est évidemment plus pertinent de ne pas retenir l'auto-déclaration. Selon les études, c'est au moins 25 % et jusqu'à 45 % des adolescents américains réellement en surpoids (compte tenu de leur poids et taille réels) qui ne sont pas repérés par une méthode déclarative.

Le fait de demander aux individus de déclarer leur appartenance supposée à une ethnie – ou race comme disent les Américains –, introduit une source d'erreur. Les individus peuvent se représenter comme appartenant à un groupe, mais les autres peuvent ne pas du tout les percevoir ainsi.

Par ailleurs, certaines personnes peuvent être métissées ou avoir des difficultés à trancher entre les « races » auxquelles elles sont censées appartenir. Pour la première fois, avec le recensement de 2000, il a été possible pour les répondants aux États-Unis de choisir plusieurs « races ». En Californie, 5 % des individus à qui on donnait le choix pour la première fois se déclaraient de plusieurs « races ».

Il est clair que les enquêtes antérieures étaient donc faussées puisqu'elles avaient simplifié la réalité. En outre, les répondants ne sont pas certains de leur réponse et ils changent d'avis si on les interroge un an après.

Plusieurs recherches montrent que l'auto-déclaration diverge du classement par les autres. Dans une recherche menée au Brésil (Telles & Lim, 1998), on a constaté qu'il y avait une nette différence entre la déclaration des personnes sur ce que serait leur « race », et la manière dont les autres les voient. Or il s'avère que si l'on utilise l'auto-déclaration, les « Blancs » gagnent 17 % de plus que les « Bruns », tandis que si l'on se réfère au classement effectué par des personnes extérieures, les Blancs gagnent en réalité 26 % de plus. L'auto-déclaration minore considérablement l'inégalité de revenu et mesure donc mal la discrimination. Ce qui compte n'est pas comment le discriminé se voit ni comment il pense que les autres le voient, mais bien comment il est réellement vu par les autres.

Le ressenti des discriminations

La proposition est parfois formulée que les personnes, après avoir déclaré leur sentiment d'appartenance à un groupe ethnique, déclareraient ensuite leur ressenti de la discrimination. Reposant sur une double subjectivité – l'origine, la discrimination –, une telle mesure constituerait évidemment une très médiocre mesure des phénomènes discriminatoires. Utiliser de telles enquêtes serait une très grave régression dans la lutte contre les discriminations. Les victimes de discriminations peuvent avoir l'impression d'avoir été discriminées, elles peuvent aussi avoir été confrontées à des évidences – comme des déclarations discriminatoires d'un bailleur ou d'un recruteur – et peuvent être victimes d'insultes raciales. Mais elles ne disposent pas des informations nécessaires pour savoir si elles sont effectivement discriminées, et si c'est le cas, pour quels motifs. Elles s'en font simplement une idée, une représentation. Elles ont entendu dire que des discriminations importantes existaient sur un aspect, et elles négligent d'autres facteurs moins connus. Il est impossible de s'appuyer sur les déclarations des individus pour construire un indicateur satisfaisant des discriminations réelles (son intensité, sa fréquence) et de leurs motifs (le poids, l'âge, l'origine...).

Le cas des discriminations dont sont victimes les femmes permet de mesurer l'écart important entre la perception des femmes et la réalité. La HALDE reçoit ainsi autant de réclamations venant des femmes que des hommes, lorsque le motif de la discrimination est le genre !

Les enquêtes peuvent-elles être volontaires et anonymes ?

Si les enquêtes sont volontaires, un certain nombre de répondants ne répondront pas, ce qui peut fortement limiter la qualité de la mesure. Les principales victimes des discriminations sont, du reste, celles qui souhaitent le moins répondre à ce type d'enquêtes (originaires du Maghreb par exemple, selon Patrick Simon).

Des enquêtes peuvent être anonymes, mais si l'objectif est d'identifier de manière précise des traitements discriminatoires en matière de salaire et de carrière, au sein d'une entreprise par exemple, on voit mal comment les caractéristiques de genre, d'âge ou d'origine pourraient ne pas être rapprochées des caractéristiques du poste ou de l'individu (sa qualification, son temps de travail, son lieu de travail, son ancienneté, son régime de travail, etc.).

Quant à la mesure de la diversité, qui déboucherait sur de contestables politiques de discrimination positive, elle suppose évidemment de lever l'anonymat.

Le 7 mai, Yazid Sabeg a proposé au président de la République que 20 % des places du concours de l'ÉNA au titre de la troisième voie soient réservées aux « candidats de la diversité ». On sait que cette voie permettait à ceux qui avaient eu un parcours militant ou associatif de candidater. Cette fois, il s'agit d'un quota d'embauche fondé sur un critère semble-t-il ethnique et racial. En effet, il ressort très clairement des propositions du commissaire, qu'il n'est pas ici question de la diversité sociale. Le commissaire prend soin d'expliquer que les fils de fonctionnaires ont des chances élevées d'intégrer la fonction publique, à la différence des enfants issus de l'immigration : « 41 % des fonctionnaires recrutés étaient issus d'une famille dans laquelle l'un des deux parents était fonctionnaire en 2005. En revanche, seulement 6 % des agents du secteur public ont un ou deux parents immigrés. La sur-représentation des enfants de fonctionnaires dans la fonction publique équivaut ainsi à celle de la sous-représentation des immigrés. » Et d'ajouter immédiatement : « Les efforts de l'État employeur pour la promotion de la diversité dans la fonction publique, au même titre que ceux des entreprises, devraient donc pouvoir être évalués dans le cadre du label diversité. » La diversité visée n'est donc pas sociale (il s'agirait de limiter l'accès des enfants de fonctionnaires à la fonction publique). Il ne s'agit pas non plus de candidats de genre féminin, âgés, issus de milieux modestes, homosexuel, obèses ou encore de personnes en situation de handicap. On comprend aisément qu'un quota de 20 % qui concernerait tous ces groupes n'aurait évidemment aucun sens. Mais il y a plus : des postes particuliers seront créés pour permettre l'accueil des « candidats de la diversité », et ces postes seront d'ailleurs supprimés si le quota d'emploi de fonctionnaires « issus de la diversité » n'est pas atteint : « suppression automatique de postes ouverts en cas de non réalisation de cet objectif.» Par quelle mesure de la diversité «déclarative, anonyme et volontaire», ce dispositif de discrimination positive, fondé sur un critère semble-t-il ethnique et racial, peut-il être mis en place?

Du ressenti d'appartenance au communautarisme

Les enquêtes qui invitent les individus à choisir un groupe racial ou ethnique ont un inconvénient majeur: simplifier les identités en les ramenant à des catégories simples reposant sur des postulats racistes (Noir/Blanc par exemple) et renforcer l'identification exclusive à une «communauté» ethnique ou raciale. Loin de rapprocher les individus, l'auto-déclaration répétée renforce inévitablement le sentiment d'appartenance à une prétendue communauté en exacerbant de manière constante les différences. Pire, on fait exister des «communautés» ethniques et raciales. Ce problème a été clairement mis en évidence aux États-Unis (Goldstein & Morning, 2000).

Les méthodes en usage de mesure des discriminations

Il est frappant de constater que les associations qui luttent depuis de nombreuses années contre les discriminations mesurent déjà les phénomènes discriminatoires en présentant aux juges des statistiques. La quasi-totalité des chercheurs qui étudient effectivement depuis plusieurs années les discriminations en raison de l'origine dans les entreprises ou les inégalités dans le système éducatif déclarent disposer des moyens de mesure des phénomènes qu'ils observent.

Les tests de discrimination ou *testings*

La méthode est bien connue, et c'est notamment grâce au Mrap et à Sos-racisme que son utilisation a été introduite en France, puis consacrée juridiquement. Pratiquée de longue date en Grande-Bretagne, elle a joué un rôle majeur dans la mise en évidence des discriminations et dans la preuve peu contestable de ces discriminations. Faut-il rappeler que ce ne sont pas les statistiques ethniques ou raciales mais bien des *testings* qui ont permis, il y a plus de trente ans en Grande-Bretagne, de progresser dans la lutte contre les discriminations ? Intéressante, elle ne permet guère néanmoins de mesurer l'égalité des chances sur la totalité d'un processus de recrutement, et en aucun cas de mesurer des écarts salariaux ou de déroulement de carrière. C'est pourquoi d'autres méthodes doivent être employées.

La nationalité et le lieu de naissance

Les chercheurs comme les entreprises établissent des statistiques en traitant la nationalité des individus. Le lieu de naissance est en revanche peu utilisé dans les entreprises. Si ces informations portaient sur les parents et non seulement sur l'individu lui-même, nous disposerions d'une mesure pertinente des origines nationales. L'INED a du reste utilisé avec succès cette méthode dans la fonction publique et testé son acceptabilité auprès d'un échantillon d'individus. Reposant sur des données objectives d'état civil, adossées sur une référence territoriale et non ethnique et raciale, ces mesures sont consensuelles et bien acceptées. Elles sont évidemment moins efficaces pour connaître les origines de personnes issues d'une immigration ancienne. Mais cet inconvénient n'empêche pas, comme le font les chercheurs, de comparer la destinée d'échantillons d'individus clairement identifiés. La validité prédictive de ce type de méthode est excellente, et c'est aussi le cas des méthodes anthroponymiques.

Méthodes anthroponymiques

Il peut être fructueux d'utiliser les noms et prénoms des individus pour disposer d'une meilleure compréhension de l'inégalité des chances (Felouzis *et al.*, 2005) et des trajectoires professionnelles. L'avantage essentiel est ici de disposer déjà de l'information nécessaire sans avoir à interroger les individus. Toutes les données sont alors exploitables, y compris les plus anciennes, ce qui permet d'analyser les discriminations ou la diversité de manière très diversifiée et complète.

L'utilisation des noms et prénoms pour répondre aux questions précédentes se justifie par les corrélations déjà mises en évidence dans la littérature scientifique et par sa commodité d'emploi.

Les noms et prénoms des individus livrent en effet des informations intéressantes. Nous savons que les prénoms sont des marqueurs sociaux importants (au plan social, national, géographique...). En outre, les patronymes sont source d'une discrimination directe. La méthode telle qu'elle est actuellement employée en France ne vise en aucun cas à classer les personnes en fonction de catégories « raciales », « ethniques », ou « religieuses ». Les origines, qui sont reconstituées en fonction des noms et/ou prénoms, sont simplement des origines géographiques supposées. Les noms et prénoms des individus varient en effet fortement en fréquence selon les pays ou les aires géographiques.

Le nom et le prénom d'une personne peuvent dans certains cas ne rien révéler de son origine. En revanche, nous savons que les porteurs de certains prénoms ou noms ont une origine connue qui ne souffre d'aucun doute. Les méthodes anthroponymiques ont ainsi une très bonne validité prédictive (Mateos, 2007; Webber, 2007). Il est donc possible de constituer de larges échantillons d'individus porteurs de prénoms ou de noms (ou des deux) qui signalent une origine avec une quasi-certitude.

Ces cas de figures sont assez nombreux pour que les tailles d'échantillons soient suffisantes. Ils peuvent dès lors permettre de savoir quels sont les effets de l'origine par comparaison soit avec la totalité de la population de référence soit avec des échantillons de comparaison plus précis (noms ou prénoms peu susceptibles d'entraîner une discrimination). Dans les études que nous avons menées au sein de plusieurs entreprises, nous distinguons uniquement les personnes portant un prénom tel qu'elles sont susceptibles, par hypothèse, d'être discriminées. Cela ne correspond pas à une caractéristique religieuse ou à l'appartenance à une ethnie, une nation ou une race. Il suffit de comparer des échantillons d'individus discriminables ou non par leur prénom pour mettre en évidence des discriminations supposées, soit lors des recrutements soit en matière salariale et de carrière.

S'il s'agit de connaître les origines nationales ou territoriales afin de mesurer des discriminations, l'utilisation des lieux de naissance des parents et de l'individu ou les méthodes anthroponymiques sont déjà utilisées, très satisfaisantes et peuvent être généralisées.

Ce type de méthode est nettement plus objectif et au moins aussi valide que des méthodes déclaratives.
L'acceptabilité des méthodes déclaratives est insuffisante, et celles-ci présentent un risque évident de développement du communautarisme.

Seuls des objectifs contestables et inconstitutionnels pourraient inspirer l'emploi d'autres méthodes se substituant aux précédentes : des politiques de mesure de la diversité ethnique et raciale et des politiques de discrimination positive fondées sur des critères ethno-raciaux.

Mesurer les discriminations, mesurer la « diversité » ?[1]

Gwénaële Calvès

Dans un pays où l'opinion publique entretient à l'égard de l'information statistique une forme d'indifférence souvent teintée de scepticisme, l'ampleur du débat sur les « statistiques ethniques » ne laisse pas de surprendre. Qu'est-il donc si nécessaire de pouvoir mesurer, et à quelles fins ?

Des objectifs très hétérogènes

Le plaidoyer en faveur de l'introduction d'une variable ethnique dans le recensement de la population ou les enquêtes socio-démographiques sur échantillon a d'abord été développé par des chercheurs dont l'objectif était de collecter et traiter ces données à des fins scientifiques. Ils ont progressivement été rejoints par certains entrepreneurs d'identité qui voudraient « connaître » le nombre « exact » de musulmans (ou de Noirs, ou d'homosexuels), ainsi que par les protagonistes d'un secteur en pleine expansion, celui du « marketing ethnique ». Les premiers sont intéressés par l'aspect performatif de l'opération de décompte ; les seconds, par les perspectives commerciales qu'ouvrirait un meilleur ciblage de la clientèle.

---

1. Ce texte a déjà été publié, dans une version plus longue (Maurin et Savidan, 2008).

S'agissant des données non plus d'enquête mais de gestion, c'est-à-dire de l'introduction du critère ethnique dans différents fichiers (administratifs, ou de gestion du personnel...), la police nationale et les Renseignements généraux sont les premiers promoteurs (malheureux) de cette revendication, avancée au nom d'une plus grande « transparence » des fichiers de délinquants (1990), de gardés à vue (1996), ou encore d'« émeutiers » (2005). Mais ce sont aujourd'hui les entreprises qui occupent le devant de la scène. L'écheveau de leurs motivations est complexe à démêler. La demande de « levée de l'opacité statistique » (C. Bébéar) s'inscrivait sans doute, à l'origine, dans une stratégie de *lobbying* en faveur de la réouverture des frontières à l'immigration de travail. L'entreprise « ethniquement diversifiée » bénéficie en outre, grâce aux campagnes de l'Union européenne et sous l'influence du modèle américain, d'une image de modernité et de dynamisme. Cette image est également très recherchée par les entreprises dont les pratiques discriminatoires ont été mises sur la place publique (L'Oréal par exemple), ou par celles dont l'accès a longtemps été interdit aux travailleurs étrangers (notamment les entreprises de transports collectifs).

Chercheurs, militants, publicitaires, policiers, chefs d'entreprise... : les membres de ce groupe hétéroclite ont pour seul point commun de vouloir « libéraliser » un droit qui soumet à de très strictes conditions la possibilité de collecter et d'enregistrer des données sensibles, c'est-à-dire des « données qui font apparaître, directement ou indirectement, les origines raciales ou ethniques, les opinions politiques, philosophiques ou religieuses ou l'appartenance syndicale des personnes, ou qui sont relatives à la santé ou à la vie sexuelle de celles-ci »[1].

1. Loi « Informatique et Libertés », du 6 janvier 1978, art. 8.

La stratégie de communication développée au soutien de cette position suppose, très classiquement, d'inventer pour les besoins de la cause un adversaire idiot. Pourquoi le droit français protège-t-il certaines données à caractère personnel ? Parce qu'il est « crispé », négateur de toute diversité, archaïque, vaguement néo-colonialiste. Il se complaît dans le « déni » ; il s'oppose à ce que de courageux pionniers rendent enfin publics des chiffres « cachés », et peut-être même « tabous »... Ces chiffres ne sont pas construits mais donnés : il suffit de les recueillir, ils parleront d'eux-mêmes.

Cet argumentaire, très efficace sur la scène médiatique, s'accompagne de la disqualification systématique de toutes les méthodes – quantitatives ou non – qui permettraient de mieux comprendre les phénomènes discriminatoires. Seules les statistiques ethniques seraient à même de révéler l'ampleur des discriminations, mais aussi de fournir des outils efficaces pour lutter contre ce fléau.

Mesurer les discriminations : l'illusion statistique

Si l'on intégrait dans les différents appareils de mesure statistique, une variable « ethnique », on observerait vraisemblablement des écarts de position entre les différents groupes qu'on aurait décidé d'étudier. Mais, ces « statistiques ethniques » mesureraient simplement des *états* (de déséquilibre). Elles ne saisiraient pas « la discrimination », mais un déséquilibre *imputé* à la discrimination. En effet, aucune statistique ne « mesure » la discrimination. Celle-ci s'analyse, techniquement, comme un résidu. Lorsqu'on a passé en revue toutes les causes qui permettent d'expliquer, par exemple, un écart salarial, la part de variabilité qui subsiste est attribuée à la discrimination. La discrimination est l'*hypothèse* qu'on formule lorsqu'on pense être parvenu à raisonner « toutes choses égales par ailleurs ».

Ce point est généralement admis par les tenants d'une « mesure » des discriminations, du moins lorsqu'il leur est loisible d'éviter les raccourcis trop souvent imposés par le débat public. Ils soutiennent, en revanche, que la discrimination *indirecte* peut et doit, quant à elle, faire l'objet d'une approche statistique. Selon eux, cette forme de discrimination récemment introduite en droit français s'identifie purement et simplement à l'effet différencié que produit un critère apparemment neutre. L'exigence d'une taille minimale, par exemple, exclut plus de femmes que d'hommes : elle doit donc s'analyser comme une discrimination indirecte.

Cette vision des choses, disons-le tout net, repose sur un contresens. Il est exact que la discrimination indirecte, contrairement à la discrimination directe, ne se fonde pas sur un critère dont la loi interdit la prise en compte. Elle résulte de l'application « d'une disposition, un critère ou une pratique apparemment neutres » dont la mise en œuvre a pour effet de « désavantager particulièrement des personnes d'un sexe par rapport à des personnes de l'autre sexe »[1], ou « d'entraîner un désavantage particulier pour des personnes d'une race ou d'une origine ethnique donnée[2] [ou d'une religion, de convictions, d'un handicap, d'un âge ou d'une orientation sexuelle donnés[3]] par rapport à d'autres personnes ».

1. Directive 2006/54/CE du 5 juillet 2006 relative à la mise en œuvre du principe d'égalité des chances et de l'égalité de traitement entre hommes et femmes en matière d'emploi et de travail (refonte).
2. Directive 2006/43 CE du 29 juin 2000 relative à l'égalité de traitement entre les personnes sans distinction de race ou d'origine ethnique.
3. Directive 2006/78/CE du 27 novembre 2000 portant création d'un cadre général en faveur de l'égalité de traitement en matière d'emploi et de travail.

Mais il ne suffit évidemment pas de constater le déséquilibre produit par l'application de tel ou tel critère de sélection pour conclure à l'existence d'une discrimination indirecte. Celle-ci n'est caractérisée que dans la mesure où il s'avère que le critère choisi n'est pas « objectivement justifié par un but légitime », et proportionné à celui-ci.

Établir l'existence d'un « impact disproportionné », c'est donc *ouvrir une discussion,* et non la clore. Cette discussion peut avoir lieu dans l'arène judiciaire : l'impact disproportionné crée une présomption de discrimination indirecte, qu'il appartient à son auteur de lever en établissant le bien-fondé du critère qu'il a retenu. Une telle discussion est également bienvenue dans un contexte extra-judiciaire : la valorisation du « présentéisme » est-elle réellement nécessaire à la bonne marche d'une entreprise, sachant que les femmes en pâtissent proportionnellement plus que les hommes ? Le poids déterminant accordé en France au diplôme initial ne doit-il pas être réévalué, dans un contexte de fonctionnement socialement inégalitaire du marché scolaire ? La notion de discrimination indirecte invite à réexaminer les critères qui orientent un nombre considérable de pratiques sociales : ces critères, compte tenu de leurs effets inégalitaires, sont-ils « objectivement justifiés par un but légitime » ? L'outil statistique peut ici jouer le rôle d'un aiguillon. Ni plus ni moins.

Mais le recours à la notion de discrimination indirecte par les partisans des statistiques ethniques n'est pas seulement en porte-à-faux par rapport au sens même de la notion. Il recèle également un présupposé dont on peut regretter qu'il ne soit jamais explicité. Pour pouvoir être exposé à la discrimination indirecte, un groupe doit en effet être doté de caractéristiques propres qui le distinguent des autres : le critère apparemment neutre sur lequel repose la discrimination indirecte est l'*équivalent fonctionnel* d'un critère qui viserait directement le groupe considéré.

Deux hypothèses doivent ici être distinguées. La première est celle où deux types de normes entrent en collision : une norme relative à l'organisation d'un concours (« le concours se déroulera un samedi ») et une norme religieuse (« il est interdit de travailler le samedi ») ; une norme relative à l'octroi d'un tarif préférentiel (« les couples mariés voyageront à prix réduit ») et une norme relative à l'union matrimoniale (« les époux seront de sexe différent ») ; une norme relative au recrutement de stagiaires (« la préférence sera donnée aux enfants du personnel ») et une norme relative au recrutement des salariés (« la nationalité française est exigée »)... Dans une seconde hypothèse, ce n'est pas sa situation juridique qui expose le groupe à la discrimination indirecte, mais une situation de fait. En visant « les personnes mesurant moins d'un mètre soixante » ou « les personnes travaillant à temps partiel », on dispose par exemple d'un critère apparemment neutre qui peut produire des effets globalement similaires à ceux qu'on aurait obtenus en se fondant directement sur le sexe.

S'agissant des « groupes ethniques » dont il est proposé de mesurer statistiquement la situation relative, quelle est la caractéristique dont un critère apparemment neutre pourrait être l'équivalent fonctionnel ? Les partisans des statistiques ethniques observent, sur ce point, un silence complet. Il ne saurait s'agir du fait que ces « groupes ethniques » sont issus de l'immigration, c'est-à-dire que les parents des personnes concernées sont ou ont été dotés d'une nationalité étrangère. Le recours aux statistiques est en effet parfaitement inutile pour déceler l'existence d'une discrimination indirecte résultant de la superposition de deux normes (l'une applicable généralement, l'autre applicable aux seuls étrangers). Il doit donc s'agir d'une caractéristique de type sociologique. Mais laquelle ? Les Français noirs, par exemple, se distinguent-ils des Français blancs par des différences de situation aussi massives que celles qui permettent de cibler, sans le faire explicitement, les femmes plutôt que les hommes ?

À cette question, les défenseurs des statistiques ethniques comme « unique moyen de mesurer les discriminations indirectes » apportent une réponse qui est implicitement mais nécessairement positive. Ce silence, sur un sujet qui est au cœur même de leur argumentation, est d'autant plus regrettable qu'il est de nature à entretenir un malentendu politiquement ruineux. On peut en effet supposer qu'ils établissent un lien entre les critères qui excluent à raison de l'origine sociale et ceux qui excluent à raison de l'origine « ethnique ». Et il est certain que des critères qui défavorisent objectivement les enfants de milieu populaire désavantagent *proportionnellement* plus d'enfants d'immigrés que d'enfants de Français plus anciens. Mais en quoi serait-ce un facteur aggravant ? Une injustice sociale est-elle d'autant plus inadmissible qu'elle est *aussi* « ethnique » ?

Nombreux sont les partisans de l'ethnicisation des statistiques qui tournent résolument le dos à ce type de discussion. Les inégalités sociales ne les intéressent pas. Ce qu'ils veulent mesurer, c'est la « diversité ».

La diversité, entre fait et valeur

Dans le discours contemporain, la diversité désigne tantôt un fait accompli (« la France est désormais plurielle, il faut l'admettre »), tantôt un idéal vers lequel il faut tendre (« la fonction publique, le Parlement, l'université, l'entreprise, les émissions de télévision... – doivent refléter la diversité de la société française »). La question de la mesure de la diversité est ainsi toujours chargée de connotations fortement normatives. En mesurant une donnée de fait, on mesure, du même geste, l'écart par rapport à un idéal. Cet idéal est celui du microcosme : chaque unité du monde social (une entreprise, une administration, etc.) doit offrir de celui-ci une image réduite, une reproduction miniaturisée.

Le mot « diversité » s'emploie en général sans autre spécification, même si l'on parle parfois de diversité « ethnique et culturelle », ou de « diversité des origines ». Le Comité de réflexion sur le préambule de la Constitution a ainsi été invité à consacrer un principe de diversité qui n'est pas qualifiée explicitement. La lettre de mission signée par le chef de l'État se borne à poser au Comité la question suivante : « Faut-il rendre possibles de nouvelles politiques d'intégration valorisant davantage la diversité de la société française pour favoriser le respect effectif du principe d'égalité ? » Cette phrase alambiquée illustre parfaitement les circonvolutions du discours contemporain sur la diversité, et en condense l'ambiguïté. On peut en effet y lire que la société française dans son ensemble se caractérise par sa « diversité », mais aussi que certains Français sont, pour paraphraser George Orwell, plus divers que d'autres. La diversité caractérise à la fois le tout (la France plurielle) et une de ses parties (exotique). Elle est la résultante d'une juxtaposition, mais elle est aussi le propre d'un groupe spécifique, composé de ceux dont on dit désormais qu'ils sont « issus de la diversité » (!). Pour eux, la diversité est à la fois un point de départ et un point d'arrivée : ils en viennent (la diversité est donc finalement extérieure à la société française), et en outre on leur assigne pour tâche de la « représenter ».

Bon an mal an, c'est au service de cette forme-là de différencialisme que se trouvent enrôlés les partisans des statistiques ethniques.

Ressenti d'appartenance ethnique : l'obstacle constitutionnel

Serge Slama

« *Q. : Yazid Sabeg, avez-vous le sentiment d'appartenir à une communauté et si oui laquelle ?*

Y.S. : À la communauté nationale.

Q. : Et si on vous demandait – en admettant que les chercheurs puissent le faire – si les statistiques de la diversité étaient mises en place que répondriez-vous ?

Y.S. : [...] Je pense que d'abord que je garderais cette réponse pour moi [...]. Et deuxièmement, tout dépend de la manière dont serait posée la question. Si c'est m'interroger sur la façon dont je perçois la catégorie [...] à laquelle je suis supposé appartenir – comment je me ressens perçu par les autres [...] – je pense que je ferais une réponse [...]. S'il s'agit de la visibilité elle-même. La visibilité [...] j'aurais tendance à répondre "non-visible".

Q. : Et si on vous demande – puisque c'est une question posée par certaines enquêtes de l'INED et qui a été retirée [...] – d'après vous, de quelle couleur de peau êtes-vous ?

Y.S. : Personnellement, je ne répondrai pas à cette question. »

Les réponses du commissaire à la Diversité et à l'Égalité des chances aux questions posées dans un entretien vidéo[1] témoignent à quel point il est difficile de définir de manière

1. Par Carine Fouteau, de Médiapart (<http://www.dailymotion.com/user/Mediapart/video/x8xp55_yazid-sabeg-a-quelle-communaute-app>).

objective son « ressenti d'appartenance » à une catégorie ethno-raciale. Le droit rencontre la même difficulté, et aboutit à la même impasse. Il est en effet impossible de caractériser juridiquement *de manière objective* l'appartenance raciale ou ethnique pour la bonne raison qu'il ne s'agit pas d'une notion objective. À proprement parler, la « race » n'a d'ailleurs pas d'existence au sein de l'espèce humaine. Il en est de même lorsque « l'ethnie » est utilisée comme « un substitut euphémisé de la *race* » (Lochak, 1992).

Cela n'empêche pas, pour autant, la « race » ou « l'origine ethnique » d'être considérées comme des *catégories juridiques* dès lors que le droit les intègre à son lexique et leur attache des conséquences juridiques, notamment en termes de prohibitions des discriminations (Lochak, 2009)[1]. Cela ne donne néanmoins aucun *caractère objectif* à ces concepts pour fonder une politique publique différencialiste (sur cette notion, Bui-Xuan, 2004) ou mesurer l'appartenance raciale ou ethnique.

C'est la position constamment adoptée par l'ensemble des juridictions pour la bonne raison que la prohibition est fondée sur l'article 1er de la Constitution – qui garantit l'égalité devant la loi sans distinction de race, d'origine ethnique ou de religion.

Comment expliquer alors que dans sa lettre de mission[2] au COMEDD, mis en place le 23 mars 2009, Yazid Sabeg puisse le charger « *d'identifier, d'évaluer et de proposer les catégories d'observation mobilisables pour la mesure et l'évaluation de la diversité et des discriminations* » pour répondre au souhait du président de la République de disposer d'outils qui « *reposent sur des méthodes incontestables* » ?

1. Comme le résume Dominique Turpin (2008) : « Bien qu'elle n'existe pas, on peut la rencontrer. »

2. <http://www.strategie.gouv.fr/IMG/pdf/Lettre_de_mission_du_COMEDD. pdf>.

L'*obiter dictum* de la décision du Conseil constitutionnel est sans ambiguïté sur ce point : « Si les traitements nécessaires à la conduite d'études sur la mesure de la diversité des origines des personnes, de la discrimination et de l'intégration peuvent porter *sur des données objectives*, ils ne sauraient, sans méconnaître le principe énoncé par l'article 1er de la Constitution, reposer sur l'origine ethnique ou la race » (n° 2007-557 DC du 15 novembre 2007).

La plupart des auteurs ont déduit de ce considérant en forme de parenthèse, même si c'est parfois pour le regretter (Turpin, 2008), que le Conseil a, de la sorte, complètement fermé la porte au principe même de « statistiques ethniques ».

L'ambiguïté ne provient pourtant pas de la décision du Conseil elle-même mais du commentaire – ou plutôt des commentaires – de cette décision aux *Cahiers du Conseil constitutionnel.*

Il est nécessaire de bien comprendre le caractère insurmontable, sauf à amender l'article 1er de la Constitution, de l'obstacle constitutionnel érigé sur la voie de la légalisation des « statistiques ethniques », y compris reposant sur le seul « ressenti d'appartenance » que nécessairement cette méthode ne peut que conduire à développer un référentiel ethnico-racial.

Une méthode « incontestable » reposant sur des données contestables : le référentiel ethnico-racial

Si la méthode se veut « incontestable », elle ne peut en aucune façon reposer sur l'origine ethnique ou raciale. Alors, pourquoi poser la question ? En 2008, le président de la République a confié à des commissions – présidées respectivement par Pierre Mazeaud[1] et Simone Veil – afin d'obtenir un *quitus* pour intégrer dans la Constitution, des quotas «*par grandes régions du monde*» pour la première, et «*de nouvelles politiques d'intégration valorisant davantage la diversité*» pour la seconde. Or les deux commissions ont pareillement balayé le vœu présidentiel *d'ethniciser* la sélection des étrangers, la lutte, les discriminations ou les politiques d'intégration.

Par la suite, le chef de l'État a estimé le 17 décembre 2008 à l'École Polytechnique que: «*Si la question des statistiques pour mesurer les inégalités et les discriminations liées à l'origine est ouverte, la question d'une politique fondée sur des critères ethniques ou religieux doit être close.*»

On comprend dès lors mal comment un membre du COMEDD a pu valablement déclarer dans la presse, à la suite du discours de Nicolas Sarkozy, que le Conseil constitutionnel autorise la collecte de données objectives comme le nom, l'origine géographique et la nationalité antérieure «*combinée à des données subjectives comme celles fondées sur le «ressenti d'appartenance*» (Simon, 2008), ni comment son président peut écrire dans une tribune du *Monde* que ce comité «reviendra aussi sur *le faux dilemme* des données objectives ou subjectives. Les réalités dites objectives le sont moins qu'on ne le croit (la consonance étrangère d'un patronyme doit s'interpréter) tandis qu'à l'inverse, des épreuves répétées et partagées confèrent une consistance sociale *à des sentiments tels que l'appartenance ressentie*».

Si personne n'a jamais considéré que la consonance étrangère ou le patronyme, tout comme le sexe d'ailleurs, étaient des données *parfaitement* objectives, on ne voit pas

1. Commission sur le cadre constitutionnel de la nouvelle politique de l'immigration, «Pour une politique des migrations transparente, simple et solidaire», juillet 2008.

en quoi le fait de conférer une « consistance sociale à des sentiments » donnerait un caractère plus objectif à un « ressenti ». Le subterfuge sur lequel repose ce raisonnement est d'ailleurs dévoilé par le directeur de l'INED lui-même : « Est-ce un hasard si le Conseil constitutionnel [sic : les commentateurs] s'y est pris à deux fois pour commenter sa décision de novembre 2007 ? Après avoir réservé l'étude des discriminations aux données « objectives », il a convenu qu'elles incluaient le « *ressenti* » (Héran, 2009).

En effet, deux versions consécutives des *Cahiers du Conseil constitutionnel* ont été publiées. La première n'admet que des données « objectives » comme celles fondées « sur le nom, l'origine géographique ou la nationalité antérieure à la nationalité française ». La seconde : « *Le Conseil n'a pas jugé pour autant que seules les données objectives pouvaient faire l'objet de traitements : il en va de même pour des données subjectives, par exemple celles fondées sur le "ressenti d'appartenance".* » En revanche, est-il encore précisé, « serait contraire à la Constitution la définition, a priori, d'un référentiel ethno-racial. Telle est la limite constitutionnelle qui a été posée par la décision du 15 novembre 2007 »[1].

De telles assertions laissent perplexe. Comment serait-il possible de construire des enquêtes, même anonymes, fondées sur ce ressenti d'appartenance, sans nécessairement ensuite devoir utiliser, pour les dépouiller et les exploiter, un référentiel ethno-racial d'analyse ? Sans oublier, qui plus est, que les commentaires aux *Cahiers* n'ont aucune valeur juridique (Cassia, 2006).

---

1. <http://www.conseil-constitutionnel.fr/conseil-constitutionnel/francais/les-decisions/depuis-1958/decisions-par-date/2007/2007-557-dc/commentaire-aux-cahiers.17182.html>.

Des obstacles difficilement surmontables

La décision de 2007 s'inscrit dans la droite ligne de la jurisprudence du Conseil constitutionnel relative à l'article 1er de la Constitution. Le Conseil veille au respect des principes annoncés dans la Déclaration de 1789, qui interdisent tout communautarisme (n° 2003-474 DC du 17 juillet 2003). Elle s'inscrit aussi et surtout dans le prolongement de la décision de 1982, « *Quotas par sexe* », que Robert Badinter a considéré, rétrospectivement, comme étant l'une des plus importantes rendues par le Conseil depuis 1971. Elle est aussi, bien entendu, « dans la même veine » (Lecucq, 2008) que celle sur l'unité du « peuple français » (n° 91-290 du 9 mai 1991, *Statut de la Corse*).

Les juges judiciaires et administratifs ont, quant à eux, toujours marqué leur opposition à l'utilisation directe ou indirecte de l'origine. Ainsi, par exemple, sur le fondement de l'article 6 de la loi du 13 juillet 1983, le Conseil d'État a récemment estimé qu'étaient illégales, entraînant l'annulation du concours, les questions posées par le jury du concours interne d'officier de la police nationale à un candidat portant sur son origine et sur ses pratiques confessionnelles ainsi que sur celles de son épouse (CE, 10 avr. 2009, *El Haddioui*[1]).

Le juge constitutionnel a entendu de la sorte « condamner » les outils statistiques reposant, directement ou indirectement, sur la prise en compte de la « race » ou de « l'origine ethnique », mais aussi et surtout, par extension, « tout recours à un procédé de discrimination positive opéré en fonction des critères interdits en fonction de « classifications suspectes », selon le vocabulaire de la Cour Suprême américaine (Lecucq, 2008). Le comité Veil ne dit pas autre

1. JCP A, 2009, n° 2108, comm. Didier Jean-Pierre.

chose lorsqu'il dit avoir « rapidement dégagé un consensus » en son sein pour « refuser la promotion de la diversité entendue comme permettant des différenciations directement fondées sur la race, les origines ou la religion » (Veil, 2008 : 77).

Tout au plus a-t-il réfléchi à des « pistes » comme renforcer le principe d'effectivité de l'article 16 de la DDHC en lien avec le principe d'égalité, ou encore à la possibilité d'ajouter à l'article 1er que la République « promeut l'égalité des chances ». À la lecture du commentaire officiel de la décision du Conseil aux *Cahiers*, il estime aussi qu'il « est permis de penser que la prise en compte du nom, de l'origine géographique ou de la nationalité antérieure à l'acquisition de la nationalité française, *tout cela éventuellement joint à la considération du "ressenti d'appartenance"* exprimé par les enquêtés, pourrait donner des résultats d'une lisibilité finalement assez comparable à celle que permettrait le maniement d'un référentiel de type ethno-racial » (Veil, 2008 : 82-83).

Au demeurant, la Cour Suprême américaine elle-même se montre de plus en plus réticente à admettre les politiques d'*Affirmative Action* fondée sur l'origine raciale. Elle considère la mise en œuvre de quotas ethniques incompatible avec le 14e amendement dans l'affaire du 28 juin 1978, *Regents of the University of California v. Bakke, position,* confirmée en 2003 (*Grutter v. Bollinger*). Elle ne les admet pour les admissions à l'université qu'à la condition que l'origine ethnique ne soit pas utilisée comme un critère prédominant (Sabbagh, 2003).

Dans sa décision sur la légalisation des conventions ZEP de l'Institut d'études politiques de Paris, le Conseil constitutionnel a indiqué qu'on ne pouvait admettre une dérogation à l'exigence constitutionnelle d'égal accès à l'instruction

« en vue de permettre la diversification de l'accès » à un établissement public n'est permis que si elle repose « sur des critères objectifs » (décision n° 2001- 450 DC du 11 juillet 2001). En l'espèce, le conseil de direction de Sciences Po adoptera des mesures reposant, outre le niveau scolaire, sur des critères sociaux, territoriaux et, en aucune manière, sur des critères subjectifs prohibés comme l'origine ethnique ou raciale (CAA Paris 6 novembre 2003, *UNI*).

Une catégorie présente malgré tout dans certains fichiers

Les dérogations prévues dans la loi du 6 janvier 1978 *relative à l'informatique, aux fichiers et aux libertés* à l'utilisation des données « sensibles » faisant apparaître « directement ou indirectement » des données raciales ou ethniques, même de manière très ponctuelle et encadrée, ont permis d'ériger ces données en catégorie de certains fichiers (Lochak, 1992).

Une première polémique avait éclatée lors de la publication au *Journal Officiel* d'un décret du 27 février 1990 visant à légaliser les fichiers utilisés par les renseignements généraux en leur permettant de collecter des informations nominatives faisant apparaître « l'origine ethnique en tant qu'élément de signalement ».

Suite à une vive polémique, le gouvernement Rocard renonça à ce projet et adressa, en avril 1991, au président de la CNIL, Jacques Fauvet, un projet de décret amputé des données sur l'origine raciale qui sera publié par le gouvernement d'Édith Cresson en octobre 1991. Il autorisa la seule collecte d'informations faisant apparaître « les signes physiques particuliers, objectifs et inaltérables, comme éléments de signalement ».

Ce débat a rebondi lors de la création du fichier « Edvige » par un décret du 27 juin 2008 dans le cadre de la création de la Direction centrale du renseignement intérieur. Le traitement aurait pu contenir, s'il était entré en fonction, des données à caractère personnel faisant « apparaître, directement ou indirectement, les origines raciales ou ethniques » des personnes.

Grâce à la mobilisation de *Non à Edvige*, ce texte a finalement été retiré le 20 novembre 2008 ; il devrait être remplacé par un nouveau texte, faisant toujours mention de données non objectives, baptisé EDVIRSP. La réflexion a néanmoins été élargie à l'ensemble des fichiers de police par la commission « Bauer »[1].

Le rapport de ce groupe de travail recommande, sur la notion de signalement, de « ne pas stigmatiser telle ou telle catégorie de la population en fonction de son origine », et marque son refus « de toute classification ethno-raciale » et de toute utilisation des données en vue de la constitution d'un outil statistique basé sur ces données. Il écarte aussi dans EDVIRSP l'enregistrement d'informations relatives à l'origine raciale ou ethnique qui « ne présentent pas d'intérêt ».

Mais qu'apprend-t-on à la lecture de ce rapport ? Et bien, que pour caractériser une personne le groupe, hormis le représentant de la HALDE, a hésité entre l'utilisation de l'appartenance, vraie ou supposée, à une origine ethno-raciale et de développer une « gamme chromatique ».

Résultat des courses ? Le groupe opte pour une « synthèse » entre les deux en retenant, dans l'ensemble des fichiers de police, de faire référence à « l'apparence » (qui n'est donc pas ici « ressentie », mais « assignée ») selon la typologie ethno-raciale déclinée en une série de types :

---

1. Groupe de contrôle des fichiers de police et de gendarmerie, « Mieux contrôler la mise en œuvre des dispositifs pour mieux protéger les libertés », *Rapport remis au ministre de l'Intérieur*, déc. 2008.

1/Caucasien; 2/méditerranéen; 3/ moyen-oriental; 4/maghrébin; 5/asiatique/eurasien; 6/amérindien; 7/indo-pakistanais; 8/métis-mulâtre; 9/ africain/antillais; 10/polynesien; 11/melanésien (dont canaque).

De longs débats ont opposé les membres du groupe de travail pour savoir s'il y avait lieu de supprimer le « type gitan » – utilisé dans la typologie actuelle.

Cet exemple suffit à montrer tout le danger qu'il y a à mettre le doigt dans l'engrenage de l'utilisation des données reposant sur un référentiel ethno-racial, même si celui-ci est constitué sur des apparences subjectives.

Contrairement à ce qu'écrit Éric Fassin (2009), les « divergences » actuelles ne reposent pas sur le seul « comment faire » pour mesurer. Mais il a parfaitement raison de souligner que le débat cache en réalité une autre question : « *pour quoi faire ?* » Il est donc urgent qu'un débat s'ouvre sur les usages possibles de la mesure. Car mesurer le « ressenti d'appartenance » aboutira nécessairement à « naturaliser » à terme l'utilisation de catégories ethno-raciales. Il faut aussi et surtout cesser de porter le regard et stigmatiser les seules *victimes*, et s'intéresser au vrai problème : les représentations et motivations *des auteurs* de discriminations ethno-raciales.

La notion de « diversité », ou comment dépolitiser le politique

Smaïn Laacher

Personne ne refuse de reconnaître la « diversité », prise au sens banal et commun du terme. Elle s'impose d'elle-même à l'œil nu. Il y a des grands et des petits, des riches et des pauvres, des Noirs et des Blancs, des hommes et des femmes, des homosexuels et des hétérosexuels, des méchants et des gentils, des gros et des maigres, des paysages insignifiants et des paysages inoubliables, des sociologues et des maçons, etc. Les critères possibles, que chacun met en œuvre quasiment sur le mode du *cela va de soi* pour opérer ces distinctions, sont quasiment infinis : physiques, physiologiques, naturels, sociaux, religieux, politiques, linguistiques, etc. Absolument aucun domaine ou champ d'activité ne peut échapper à la *loi de la diversité :* l'école, la politique, le travail, la famille, l'art, le droit, les loisirs, la religion, la sexualité, la maladie, les relations amoureuses, l'autorisation de séjour des étrangers, etc. Encore est-il nécessaire de préciser que ces critères peuvent varier selon le temps, l'espace et les systèmes culturels. Autre chose est la diversité définie normativement par des institutions ou des agences internationales, telle l'UNESCO qui promeut la « Civilisation mondiale multi-culturelle ». La Déclaration universelle de l'UNESCO de 2001 considère la diversité culturelle comme un « héritage commun de l'humanité ». L'enjeu est ici le « respect » et la « sauvegarde » de « l'identité » de populations entières. Je note au passage que l'idéologie dominante est, là aussi, structurée autour de mots-clés comme « respect », « identité » et « dignité humaine ». À ce propos, ce n'est faire injure à personne que de faire la remarque suivante : le poids de l'UNESCO en face d'une multinationale qui fait travailler des enfants ou qui assassine (directement ou indirectement) des syndicalistes est tout simplement équivalent à zéro. Avec les « statistiques ethniques » ou la « mesure de la diversité », nous sommes en présence d'une configuration historique particulière : ces mots et les actes qui les accompagnent – ou tentent de les accompagner, dès qu'on cesse de s'aveugler pour la bonne cause ou dès qu'on cesse de se mentir à soi-même –, ne renvoient qu'à une seule et même chose, qu'à un seul et même embarras : que faire de celles et ceux que l'on considère ou/et qui se considèrent comme des *immigrés,* c'est-à-dire des populations qui seraient habitées par une manière très singulière (paraît-il) d'habiter le monde des autres. Le mot « diversité », en France, et dans la bouche de tous ceux qui l'emploient comme un phare dans les ténèbres, ne veut rien dire d'autre que la chose suivante : nous avons, non pas tant des *étrangers,* mais des descendants d'immigrés, c'est-à-dire des Français qui n'en finissent pas d'être des immigrés. Étrange (et presque soudain) intérêt pour ces populations, au moins en ces termes. Jamais, par exemple lors des « Trente glorieuses » (et même après), on ne s'était soucié de la « diversité » de la société française alors que des groupes entiers, en particulier issus des classes populaires, étaient « discriminés », c'est-à-dire purement et simplement exclus de la culture cultivée, des grandes écoles, des postes de pouvoir, d'un grand nombre de professions, etc. Concrètement, la notion de « diversité » renvoie à deux sentiments mêlés que l'on pourrait présenter ainsi : nous (État, institutions, militants, chercheurs, etc.) avons chez nous des immigrés (réels ou supposés) qui posent des problèmes et à qui l'on pose des problèmes ; et à cette première assertion s'ajoute la suivante : *maintenant* « ils » (les plus scolarisés des scolarisés de ceux qui sont « issus de la diversité ») veulent qu'on les compte dans la communauté nationale car ils disent qu'on a oublié de les compter, et cet oubli historique est présenté comme un *tort* et un *déni de réalité* par ceux qui ont été victimes de ce décompte.

Mais la lutte contre les discriminations n'est pas la lutte pour l'égalité. Jean-Loup Amselle (dans cet ouvrage) a parfaitement raison de mentionner le rôle et le poids de l'État dans la production des différences sociales et symboliques : il importe de ne jamais oublier que ceux qui s'en sortent par la discrimination positive (ou sans elle) ne règlent en rien les perspectives d'avenir de tous ceux qui restent, qui s'enfoncent et sont la majorité. La discrimination positive réduit l'écart entre *certains* et le reste des mieux lotis socialement ; mais dans le même mouvement, elle accentue les écarts sociaux et les différences de toute sorte au sein des mêmes populations entre ceux qui partent et ceux qui restent, voués à regarder les « traitres » partir pour un autre monde (au sens propre, au sens figuré). À cet égard, les sciences sociales auraient mieux à faire que de disserter à l'infini sur la « diversité », et aller voir de plus près comment et pour quelles raisons historiques et politiques, depuis environ une dizaine d'années, se sont créés avec l'aide politique et financière de l'État toute une multitude de « clubs » relativement fermés, et pour certains absolument clos, composés de Français de « toutes origines », diplômés des meilleures universités et des grandes écoles, professionnellement biens insérés et militant ardemment pour faire prendre « conscience à tous de la présence d'une élite issue de l'immigration »[1]. Le plus bel exemple est celui du Club XXIe Siècle, sorte de gotha des « minorités ». Sa création en revient à Hakim el Karaoui (ancien conseiller de Jean-Pierre Raffarin, alors Premier ministre), qui le préside, Rachida Dati et un ex-conseiller de Jacques Chirac, Béchir Mana, secrétaire adjoint au ministère de la Défense. Est-ce un hasard si ce Club a partie liée au secteur économique et aux grands chefs d'entreprise des deux côtés de

1. Patrick Lozès et Yazid Sabeg constituent, sans aucun doute, les deux figures éminentes et médiatiques de ce nouvel espace en constitution pour élites tardives. Le premier est arrivé en France à la fin des années 1970. Il s'installe comme pharmacien, rejoint l'UDF en 1988 et se présente pour ce parti politique aux élections législatives de 2002 dans la 1re circonscription de Paris. En 2005, il fonde le Conseil représentatif des associations noires de France (CRAN). Son père, Gabriel Lozès, était sénateur de la IVe République, puis ministre de la Santé et ministre des Affaires étrangères de ce que l'on appelait le Dahomey, devenu le Bénin depuis novembre 1975. Patrick Lozès a parfaitement raison de dire *qu'il n'est pas son père* et qu'on ne doit pas le confondre avec son géniteur, mais il n'en demeure pas moins qu'il reste, par la force des choses et des liens, le fils de *pas n'importe quel père*. Quant à Yazid Sabeg, d'origine populaire (officiellement son père était docker), il étudie à la Sorbonne et obtient un doctorat en sciences économiques et sociales en 1973. Il noue, à l'occasion de ses études, des relations de quasi-amitié avec l'un de ses professeurs, Raymond Barre, relations qui seront décisives pour le reste de sa carrière. « Je suis l'exception qui confirme la règle. Une bonne éducation, des rencontres providentielles, et voilà » (voir l'article dans *La Voix du Nord.fr*, « De Lille à l'Élysée, Yazid Sabeg veut voir "la France nouvelle" », Olivier Berger, jeudi 07.05.2009). Homme de réseaux et franc-maçon, avec le cabinet Enerfinance, il tisse un vaste réseau de relations dans le monde arabe de l'énergie et du pétrole, dont fait notamment partie l'ancien Premier ministre algérien, Sid Ahmed Ghozali. En 1991, il prend le contrôle de la Compagnie des signaux, une société d'électronique qu'il redressera et recentrera sur les services informatiques pour le milieu de la défense.

la Méditerranée, qu'il se passionne pour l'entreprenariat (qui se traduit par des colloques sur ce thème) et s'évertue à faciliter l'ouverture des marchés aux entreprises des deux côtés de la Méditerranée ?[1] Dans cette perspective, s'éclaire mieux la lutte pour imposer la notion de « diversité » comme un des mécanismes d'accès à des positions de pouvoir politique, économique et symbolique pour groupes sociaux en cours de formation d'une fraction des classes moyennes françaises.

Cela n'est pas sans relation avec la remarque pertinente de Maryse Tripier (dans cet ouvrage) à propos de la « gouvernance managériale basée sur la concurrence qui tente d'entrer en force dans tous les secteurs de la société [...] » et qui se demande « comment croire que l'intérêt porté aux minorités serait le seul secteur à échapper à ces logiques ». Je voudrais, à mon tour, décliner brièvement quelques réflexions complémentaires. Les luttes pour l'égalité et leur importance politique ont reculé quand, exactement dans le même temps, se mettaient en place et se durcissaient, ou mieux se *naturalisaient* les topos sur la diversité et la discrimination positive. En un mot, l'aggravation des inégalités est contemporaine des discours sur ces deux thèmes. D'après diverses études sur les revenus[2], plus on monte dans la hiérarchie des revenus, plus les revenus se sont accrus. Entre 1998 et 2006, le revenu moyen des 10 % les plus riches aurait augmenté de 8,7 %, celui des 1 % les plus

1. Depuis sa création, le club a invité de nombreux hommes politiques (Nicolas Sarkozy, Laurent Fabius, Jean-Pierre Raffarin...) ; de grands patrons (Claude Bébéar, président du Conseil de surveillance d'Axa, Ernest-Antoine Seillière, alors président du MEDEF, Gérard Mestrallet, le patron de Suez...) ; des intellectuels comme Marcel Gauchet, Jacques Attali, etc.

2. Voir les travaux de l'INSEE et ceux, entre autres, de Camille LANDAIS (2007).

riches de 19 %, celui des 0,1 % les plus riches de 32 % et celui des 0,01 % les plus riches de 42 %. Hausse des inégalités de salaire, mais aussi un accroissement très important des inégalités de revenus du patrimoine, tirés par les dividendes et les plus-values, notamment immobilières. La France, toujours d'après ces études, semble suivre la même trajectoire que les États-Unis ou la Grande-Bretagne. Aux dernières nouvelles, les inégalités n'ont nullement été réduites dans ces deux pays. C'est même exactement le contraire aux États-Unis, malgré des politiques favorisant la « diversité »[1]. Pour revenir à la France, le revenu n'est pas le seul domaine où les inégalités s'accroissent ; il faudrait y ajouter les multiples atteintes au droit du travail, l'apparition des « travailleurs pauvres », etc. Un autre exemple concret : les politiques de l'emploi, en particulier en direction des jeunes. L'Organisation de coopération et de développement économique (OCDE), dans son rapport du mois de mai 2009, indique que le taux de chômage en France, qui était de 18 % en 2008, dépasse de 7 points la moyenne des autres pays développés. La France est 23e sur 30 dans le classement de l'OCDE. L'organisation européenne détaille les causes de ce malaise français. En premier lieu, les politiques d'emploi jugées « instables », avec « plus de 80 mesures pour les jeunes en 30 ans ». Et l'OCDE d'ajouter que le marché du travail de ces jeunes est « médiocre », avec une « sélection basée sur le diplôme ». Et le rapport de l'OCDE d'ajouter encore, que, pour « réussir son insertion professionnelle en France (cela) dépend dans une large mesure de l'obtention, après une trajectoire scolaire linéaire, d'un diplôme initial sélectif particulièrement valorisé par les employeurs ». Mais alors que deviennent tous ces « jeunes issus de la diversité »

1. Pour les États-Unis, on se reportera à Walter Benn MICHAELS (2009).

qui n'auront pas la chance d'être accueillis en internat ou dans une grande école ? Un dernier exemple qui met à mal la croyance du pouvoir magique dévolu aux chiffres (il suffit de compter pour résoudre les problèmes), c'est celui de la Couverture maladie universelle (CMU), créée en 1999.

La CMU offre une couverture maladie aux personnes dont le salaire est inférieur à 598,23 €. Cela représente en France près de 5 millions de personnes. Déjà en 2002, *Médecins du monde* publiait une enquête téléphonique anonyme réalisée auprès de 230 dentistes libéraux, choisis au hasard dans onze villes de France : dans 35,3 % des cas, les dentistes avaient refusé de soigner un bénéficiaire de la CMU. En 2004, un test analogue, réalisé par l'*UFC-Que choisir* auprès de 287 spécialistes, révélait de fortes disparités territoriales, avec un taux de refus pouvant aller de 30 à 40 % en Île-de-France, quand dans d'autres régions ou départements, comme la Lozère, l'Hérault ou le Nord-Pas-de-Calais, ce taux était nul. Saisie à plusieurs reprises, la HALDE a qualifié ces situations de discriminatoires. La pratique du *testing* était inscrite dans le texte soumis aux sénateurs. Lesquels, en commission des Affaires sociales, l'ont purement et simplement supprimé parce que cela « fait peser inutilement sur l'ensemble des médecins un soupçon infondé ». Quant aux députés de l'Assemblée nationale, ils ont déclaré irrecevable l'aménagement de la charge de la preuve au profit de la victime. La charge de la preuve, « aménagée » ou pas, a disparu au profit d'une procédure longue et très compliquée pour instruire une plainte quasiment irréalisable : constitution d'une commission mixte de conciliation, puis transmission de la plainte à la juridiction ordinale en cas d'échec de la médiation, et enfin examen de la plainte par les pairs. L'État a pour lui dans cette affaire et la connaissance et le droit. Pourquoi alors ne se donnet-il pas les moyens de vaincre cette discrimination particulièrement ignoble – ignoble car elle ne se pare même pas de justificatifs professionnels ? Si on ne veut pas soigner les personnes qui ont la CMU, c'est tout simplement parce qu'elles cumulent une double tare : elles sont sans *valeur* financière, autrement dit non *rentables* financièrement, et elles sont frappées *d'immoralité* (de manque de vertu, d'imperfection, d'anomalie, etc.) puisqu'elles sont *pauvres* ou considérées comme telles.

En réalité, la lutte contre les discriminations que l'on substitue à la lutte contre les inégalités et à la question fondamentale de l'égalité a pour vocation fondamentale de laisser en l'état la structure sociale, et donc la distribution des ressources, pour ne s'intéresser qu'au respect de « l'identité des personnes » (ou de leur origine, de leur culture, de leur race, de leur ethnie, etc., au choix et en fonction de l'humeur idéologique du moment). Comme si la question des inégalités (et donc de l'égalité) n'était plus un problème, un souci moral, éthique et politique. Comme si, dans ce domaine, les choses étaient entendues : nous sommes tous égaux. Resterait alors le problème ultime, le plus excitant intellectuemement pour les mieux pourvus en culture cultivée : *celui du respect des pauvres et de leur culture.* Cette sollicitation au moindre coût consiste à nous demander de faire l'effort *d'apprécier* les plus faibles, les plus pauvres que soi, en un mot ceux qui sont *en dessous de soi* et sur lesquels d'une manière ou d'une autre on est assis : après tout, pense-t-on, des autres (des Arabes, des Noirs, pour ne parler que d'eux) on peut toujours apprendre ; mais pour cela, il faut commencer par les « respecter » (ce qu'ils savent, ce qu'ils ne savent pas, ce qu'ils font autrement, etc.). L'histoire de l'immigration n'est pas seulement une histoire de trajectoire, de mode de vie, d'accès à des positions improbables ;

c'est aussi une *histoire de mots:* on ne court pas tant après une compréhension scientifique des pratiques, on est toujours à la recherche des mots qui peuvent qualifier sans « stigmatiser » ces pauvres victimes de tous les maux de la terre (est ce qu'on prend autant de soin moral et fait-on autant montre de délicatesse lexicale avec celles et ceux qu'on licencie par milliers ou les milliers de retraités qui vivent avec 630 euros par mois ?). Ce n'est nullement un hasard si le mot « respect » est le mot le plus employé par les dominants (États, élites, chercheurs, etc.) à l'égard de ces populations qui, à leur tour, l'emploient à satiété, ponctuant quasiment toutes les phrases par ce mot magique. Il ne faut avoir jamais fait de terrain pour se rendre compte que toutes les cultures (qui sont toujours à la fois symboliques et matérielles), *en pratiques*, c'est-à-dire socialement, quand elles sont en relations, ne se *valent* pas. Les premiers à le savoir sont ceux qui ont réussi à quitter ces univers où règnent, qu'on le veuille ou non, le manque (de stabilité professionnelle, d'argent, de considération, etc.), la pauvreté qui cloue au sol et dans lesquels *le territoire de la cité* reste le seul horizon borné[1].

En fait, le discours sur la « diversité » est la dernière trouvaille pour réaliser un coup magistral : *dépolitiser le politique.* Il y a là des équivalences dans le rapport entre *l'humanitaire* qui a en charge l'aide à la victime qui, impérativement, doit rester à sa place sinon elle n'est plus une victime, et le *politique,* qui reste une intervention sur « le visible et l'énonçable », comme dirait Jacques Rancière. Les uns et les autres ne sont nullement les mêmes. L'enjeu symbolique et politique est d'importance : il s'agit de construire des analyses critiques, sociologiques et scientifiques, contre le discours

1. C'est ce que toutes mes enquêtes m'ont appris, en particulier celles que j'ai menées sur l'école et l'immigration (Laacher, 2005, 2008).

dominant et tout son lexique (« diversité », « issu de la diversité » « minorités visibles », « discrimination positive », « respect des cultures », etc.) qui tend à s'armer, le plus souvent, de l'autorité de la science.

Bibliographie

AGRAWAL, P. [2007], « En Inde, des quotas pour les basses castes », *Le Monde diplomatique*, <http://www.monde-diplomatique.fr/2007/05/AGRAWAL/14703>.

AMSELLE, J.-L. [2008], *L'Occident décroché, enquête sur les postcolonialismes*, Paris, Stock.

AMSELLE, J.-L. & M'BOKOLO, E. [1985], *Au cœur de l'ethnie. Ethnie, tribalisme et État en Afrique*, Paris, La Découverte.

ANDERSON, B. [2006], *Imagined Communities : Reflections on the Origin and Spread of Nationalism*, New York-London, Verso Libri.

ANGELO, M. [2002], « Diversité culturelle et dialogue des civilisations : l'évolution des concepts de 1990 à 2001 », *Innovations & Développement*, 7, Paris, Idée Europe.

ARLENE, C. S. [2003], « Diversity Blues : The Lack of Racial Justice Within the Race-Conscious Admissions Debate » <http://forms.gradsch.psu.edu/diversity/mcnair/2003/arlene.pdf>.

ASPINALL, P. [2007], « Approaches to Developing an Improved Cross-National Understanding of Concepts and Terms Relating to and Ethnicity and Race », *International Sociology*, 22 (1) : 41-70.

ATTIAS-DONFUT, C., DAVEAU, P., *ET AL.* [2006], *L'enracinement : enquête sur le vieillissement des immigrés en france*, Paris, Odile Jacob.

BAILEY, S. R. & TELLES, E. E. [2006], « Multiracial versus Collective Black Categories : Examining Census Classification Debates in Brazil », *Ethnicities*, 6 : 74-101.

Balibar, E. & Wallerstein, I. [1988], *Classes, races, nations : les identités ambiguës,* Paris, La Découverte.

Barth, F. [1969], *Ethnic Groups and Boundaries. The Social Organization of Culture Difference,* Bergen-Oslo, Universitet Forlaget ; Londres, George Allen & Unwin.

Baudelot, C. & Establet, R. [1980], *L'école capitaliste en France,* Paris, F. Maspero.

Blum, A. [1998], « Comment décrire les immigrés ? », *Population,* 3 : 569-587.

Blum, A. & Guérin-Pace, F. [2007], « À propos du débat sur les statistiques ethniques », *Idées. La revue des sciences économiques et sociales,* 147 : 24-35.

Bolnick, D. *et al.* [2007], « The Science and Business of Genetic Ancestry », *Science,* 19 octobre : 399-400.

Bonniol, J.-L. [1992], *La couleur comme maléfice. Une illustration créole de la généalogie des « Blancs » et des « Noirs »,* Paris, Albin Michel.

Bopda, A. [2003], *Yaoundé et le défi camerounais de l'intégration. À quoi sert une capitale d'Afrique tropicale ?,* Paris, CNRS-Éditions.

Bourdieu, P. & Passeron, J.-C. [1966], *Les Héritiers : les étudiants et la culture,* Paris, Éditions de Minuit.

Bourdieu, P. & Wacquant, L. [2000], « La nouvelle vulgate planétaire », *Le Monde Diplomatique,* mai : 6-7.

Bui-Xuan, O. [2004], *Le droit public français entre universalisme et différencialisme,* Thèse CERSA-Paris II, Economica (coll. « Corpus/Essais »).

Calvès, G. [1999], *Les Politiques de discrimination positive,* Paris, La Documentation française.

Cassia, P. [2006], « Le site internet du Conseil constitutionnel devant le juge administratif : des problèmes de connexion ? », *JCPA,* 1042.

Castel, R. [2007], *La discrimination négative, citoyens ou indigènes ?,* Paris, Éditions du Seuil.

Cnil [2007], *Auditions réalisées par le groupe de travail sur la mesure de la diversité du 2/11/2006 au 1/02/2007.*

Colb, S. F. [2002], *A Question of Diversity : Affirmative Action in Admissions Reaches the Supreme Court*, <http://writ.news.findlaw.com/colb/20021204.html>.

Constant, A. *et al.* [2005], « Immigrant Adjustment in France and Impacts on the Natives », in K. F. Zimmermann (ed.), *European Migration : What do we Know ?*, Oxford, Oxford University Press.

Coroller, C. [2009], « Statistiques ethniques : les opposants répliquent », *Libération*, 10 avril 2009.

Cruz-Janzen, M. I., King, E. W. & Wardle, F. [2003], « The Challenge of Declaring an Interethnic and/or Interracial Identity in Postmodern Societies », *Sage Race, Institute of Race Relations*, 28 (1) : 5-20.

Depestre, R. [1980], *Bonjour et adieu à la négritude*, Paris, Robert Laffont.

De Rudder, V. & Vourc'h, F. [2006], « Les discriminations racistes dans le monde du travail », in D. Fassin & É. Fassin (dir.), *op. cit.* : 175-194 ; [2006], « Quelles statistiques pour quelle lutte contre les discriminations ? », *L'Homme et la société*, 160-161 : 239-254.

Doomernik, J. [1998], « The Effecriveness of Integration Policies Towards Immigrants and their Descendants in France, Germany and the Netherlands », *International Migration Papers*, 27, Genève, ILO-BIT.

Eurobaromètre [2008], *La discrimination dans l'Union européenne : Perceptions, expériences et attitude* <http://ec.europa.eu/public_opinion/archives/ebs/ebs_296_fr.pdf>.

Fanon, F. [1954], *Peaux noires, masques blancs*, Paris, Éditions du Seuil.

Fassin, D. [2006], « Du déni à la dénégation. Psychologie politique de la représentation des discriminations », in D. Fassin & É. Fassin (dir.), *op. cit.* : 133-157.

Fassin, D. & Fassin, É. (dir) [2006], *De la question sociale à la question raciale ? Représenter la société française*, Paris, La Découverte.

Fassin, É. [2009], « Comptage ethnique : un débat confus et paradoxal », *Le Monde,* 17 avril.

Felouzis, G. et al. [2005], *L'apartheid scolaire : Enquête sur la ségrégation ethnique dans les collèges,* Paris, Éditions du Seuil.

Filhon, A. [2007], « Parler berbère en famille : une revendication identitaire », *Revue Européenne des Migrations internationales,* 23 (1),
<http://remi.revues.org/index3651.html>.

Filhon, A. & Guérin-Pace, F. [2009], « Pratiques linguistiques et parcours migratoires : une articulation complexe », *Espaces et sociétés,* 136-137 : 189-210.

Fitoussi, J.-P., Laurent, E. & Maurice, J. *et. al.* [2004], *Ségrégation urbaine et intégration sociale,* Paris, La Documentation française.

Foix, A. [2008], *Noir. De Toussaint-Louverture à Barack Obama,* Paris, Galaade.

Girard, A. *et al.* [1974], « Attitudes des Français à l'égard de l'immigration étrangère : Nouvelle enquête d'opinion », *Population,* 6 : 1015-1069.

Giraud, M. [1979], *Races et Classes en Martinique,* Paris, Anthropos ; [1988-89], « Dialectique de la descendance et du phénotype dans la classification raciale martiniquaise », *Études interethniques,* 9 : 5-16 ; [2005], « Revendications identitaires et "cadre national" », *Pouvoirs,* 1132 : 95-108.

Glazer, N. [2000], « Affirmative Action and "Race" Relations : Affirmative Action as a Model for Europe », in E. Appelt & M. Jarosh (eds.), *Combatting Racial Discrimination : Affirmative Action as a Model for Europe,* Oxford, E. Berg : 137-158.

Goffman, E. [1975], *Stigmates. Les usages sociaux des handicaps,* Paris, Éditions de Minuit.

Goldstein, J. R. & Morning, A. J. [2000], « The Multiple-race Population of the United States : Issues and Estimates », *Proceedings of the National Academy of Sciences,* 97 (11).

Grémy, J.-P. [1987], « Les expériences françaises sur la formulation des questions d'enquête », *Revue française de sociologie,* 28 : 567-599.

Guérin-Pace, F. [2009], « La diversité des ancrages territoriaux au regard des parcours migratoires », in F. Guérin-Pace, O. Samuel & I. Ville (dir.), *En quête d'appartenances. L'enquête Histoire de vie sur la construction des identités*, Collection Grandes Enquêtes, Paris, Ined : 145-162.

Hardt, M., Negri, T. & Guilhot, N. [2006], *Multitude : guerre et démocratie à l'âge de l'empire*, Paris, 10/18.

Héran, F. [2009a], Interview, *Le Monde*, 5 mars ; [2009b], « Statistiques ethniques, non ! Mesure de la diversité, oui ! » *Le Monde*, 26 mars.

Hirschfeld, L. A. [1999], « *La règle de la goutte de sang*, ou comment l'idée de race vient aux enfants », *L'Homme*, 150 : 15-40.

Juteau, D. [1999], *L'ethnicité et ses frontières*, Montréal, Presses de l'université de Montréal.

King-O'Riain, C. R, [2007], « Counting on the "Celtic Tiger". Adding Ethnic Census Categories in the Republic of Ireland », *Ethnicities*, 7 : 516-542.

Laacher, S. [2005], *L'institution scolaire et ses miracles*, Paris, Éditions La Dispute ; [2008], *Femmes invisibles. Leurs mots contre la violence*, Paris, Calmann-Lévy.

Landais, C. [2007], « Les hauts revenus en France (1998-2006) : une explosion des inégalités ? », *Document de travail de l'École d'Économie de Paris*.

Le Bras, H. [1998], *Le démon des origines*, La Tour d'Aigues, L'Aube (trad. Ital. : *Il demone delle origine*, Milan, Feltrinelli, 2001) ; [2007], « Quelles statistiques ethniques ? », *L'Homme*, 84 : 7-24.

Lecucq, O. [2008], « La loi du 20 novembre 2007 relative à la maîtrise de l'immigration, à l'intégration et à l'asile et sa constitutionnalité », *AJDA* : 141.

Léger, A. & Tripier, M. [1986], *Fuir ou construire l'école populaire ?*, Paris, Méridiens-Klincksieck.

Le Senne, R. [1945], *Traité de caractérologie*, Paris, PUF.

Liptak, A. [2002], « La Cour Suprême va examiner le statut précaire des procédures d'admission », supplément en anglais, « New York Times », *Le Monde*, 16 décembre : 5.

Lochak, D. [1992], « La race : une catégorie juridique ? », in Actes du colloque, *Sans distinction de race* (27-28 mars), *Mots*, 33-Presses de la FNSP <http://www.anti-rev.org/textes/ Lochak92a> ; [2009], *Le droit et les juifs en France depuis la Révolution*, Paris, Dalloz.

Mateos, P. [2007], « A Review of Name-based Ethnicity Classification Methods and their Potential in Population Studies », *Population Space and place*, 13.

Maurin, L. & Savidan, P. (dir.) [2008], *L'État des inégalités en France : données et analyses*, Paris, Belin.

Maxwell, R. [2009], « Political Participation in France among Non-European Origin Migrants : Segregation or Integration », *Journal of Migration & E. Studies*, 35 <http://rahsaanmaxwell. googlepages.com/RMaxwell-Frenchvoting.doc>.

Mélin-Soucramamien, F. [1997], *Le principe d'égalité dans la jurisprudence du Conseil constitutionnel*, PUAM-Economica, 485-488.

Michaels, W. B. [2009], *La diversité contre l'égalité*, Paris, Raisons d'agir.

Morning, A. [2005], « Ethnic Classification in International Context : a Cross-national Comparaison of 1995-2004 Census Items », Paper presented at XXVe Congrès international de la population, Tours ; [2008], « Racial and Ethnic Classifications in International Perspective », *Population Research Policy Review*, 27 : 239-272.

Noiriel, G. [2007], *Racisme : la responsabilité des élites*, Textuel.

Payet, J.-P. [1995], *Collèges de banlieue*, Paris, Éditions Méridiens-Klincksieck.

Pitte, J.-R. [1997], *La France*, Paris, Nathan.

Poutignat, P. & Streiff-Fenard, J. [1995], *Théories de l'ethnicité*, Paris, PUF.

Pumain, D. & Saint-Julien, T. [1990], « La France », in R. Brunet (dir.), *Géographie universelle*, volume 2, *France, Europe du Sud*, Paris, Hachette-Reclus.

Richard, J.-L. [1999], « Qu'est-ce qu'un Français ? », *Pour la Science*, 24 : 22-27 ; [2006], « Jeunes adultes fils et filles d'immigré(s), niveaux de formation et fréquence différente du chômage selon les origines nationales parentales : présomptions de discriminations à l'encontre des enfants d'immigré(s) africain(s) », *Migrations société*, 105 : 189-211 ; [2007], « Youth of Foreign Origin Entering the Labor Market in France : an Approach of Discrimination against Children of African Immigrants », *Revista Economica*, XXXII (1) : 63-80.

SABBAGH, D. [2003], *L'égalité par le droit. Les paradoxes de la discrimination positive aux États-Unis*, Paris, Economica.

SABEG, Y. [2009], *Programme d'action et recommandations pour la diversité et l'égalité des chances* <http://lesrapports.ladocumentationfrancaise.fr/BRP/094000202/0000.pdf>.

SABEG, Y. & SABEG, Y. [2004], *Pour une discrimination positive. Pourquoi la France ne peut y échapper ?*, Paris, Calmann-Lévy.

SABEG, Y. & MÉHAIGNERIE, L. [2004], *Les oubliés de l'égalité des chances*, Rapport de l'Institut Montaigne. <http://www.institutmontaigne.org/les-oublies-de-l-egalite-des-chances-72.html>.

DE SAINT-EXUPÉRY, A. [1946], *Le petit prince*, Paris, Gallimard.

SARTRE, J.-P. [1949], « Orphée noir », in L. S. SENGHOR, *Anthologie de la nouvelle poésie nègre et malgache de la langue française*, Paris, Gallimard.

SAVY, P. [2007], « Transmission, identité, corruption. Réflexion sur trois cas d'hypodescendance », *L'Homme*, 182 : 53-80.

SCHUCK, P. H. [2005], *Diversity in America : Keeping Government at a Safe Distance*, Harvard, University Press-Belknap.

SIMON, P. [2007], « Comment la lutte contre les discriminations est-elle passée à droite ? », *Mouvements*, 4 (52) : 153-163 ; [2008], « Les inégalités sociales n'englobent pas tout », *Libération*, 18 décembre.

SIMON, P. & CLÉMENT, M. [2006a], « Comment décrire la diversité des origines en France ? », *Populations et sociétés*, 425. <http://www.ined.fr/fr/ressources_documentation/publications/pop_soc/bdd/pub lication/1198/> ; [2006b], « Rapport de l'enquête "Mesure de la diversité". Une enquête expérimentale pour caractériser l'origine »,

Document de travail Ined, 139. <http://www.ined.fr/fr/ressources_documentation/publications/documents_travail/bdd/publication/1206/>.

Telles, E. & Lim, N. [1998], « Does it Matter Who Answers the Race Question ? Racial Classification and Income Inequality in Brazil », *Demography*, 35 : 465-474.

Tribalat, M. [1995], *Faire France*, Paris, La Découverte.

Tripier, M. [2008], « Circulations entre catégories du sens commun, catégories administratives, catégories statistiques : à propos du débat sur les statistiques ethniques », revue en ligne Azylon, < http://terra.rezo.net/>.

Turpin, D. [2008], « La décision n° 557 DC du 15 novembre 2007 du Conseil constitutionnel sur la loi relative à la maîtrise de l'immigration, à l'intégration et à l'asile : le moustique et le chameau », *Revue Dalloz* : 1648.

Vallet, L.-A. & Caille, J.-P. [1996], « Les élèves étrangers ou issus de l'immigration dans l'école et le collège français. Une étude d'ensemble », *Les dossiers d'« Éducation et formations »*, 67.

Veil, S. [2008], *Redécouvrir le Préambule de la Constitution. Rapport du comité présidé par Simone Veil* <http://www.ladocumentationfrancaise.fr/rapports-publics/084000758/index.shtml#>.

Volokh, E. [1998], « Racial Politics at the Supreme Court », *Wall Street Journal*, Oct. 12 : 19.

Vourc'h, F. & De Rudder, V. [2003], « De l'eugénisme à l'ingénierie : la permanence des catégories racistes dans les recensements nord-américains », *Ville-École-Intégration*, 135 : 67-83 ; [2006], « Positions libérales, positions radicales dans la lutte contre les inégalités racistes », *Les Cahiers de l'URMIS*, 10-11 <http://urmis.revues.org/index243.html>.

Wacquant, L. [2007], *Urban Outcasts A Comparative Sociology of Advances Marginality*, Polity.

Warner, L. [1960], *Social Classes in America : A Manual of Procedure for the Measurement of Social Status*, New York, Harper and Row.

WEBBER, R. [2007], « Using Names to Segment Customers by Cultural, Ethnic or Religious origin », *Direct, Data and Digital Marketing Practice,* 8 (3) : 226-242.

WILSON, W. J. [1994], *Les oubliés de l'Amérique,* Paris, Desclée de Brouwer.

WITTGENSTEIN, L. [1988], *Philosophical Investigations : the German Text with a Revised English Translation,* Oxford, Blackwell.

ZELDIN, T. [1983], *Les Français,* Paris, Fayard.

Présentation des membres de la Carsed

Jean-François Amadieu, Professeur à l'université Paris I-Panthéon-Sorbonne, est spécialiste de gestion des ressources humaines et de relations sociales. Il a créé et dirige l'Observatoire des discriminations. Ses travaux portent sur l'ensemble des formes de discriminations (âge, genre, origines, handicap, lieu d'habitation, apparence physique...) et sont menés en lien avec les entreprises. *Le poids des apparences* et *Les clés du destin* abordent les différents facteurs constitutifs de l'inégalité des chances comme le lieu d'habitation, l'origine sociale et ethnique ou encore l'apparence physique.
Il est fondateur et vice-président du Réseau des entreprises pour l'égalité des chances dans l'Éducation, et membre expert du club entreprise et handicap.

Jean-Loup Amselle, est directeur d'études à l'École des hautes études en sciences sociales où il dirige la Formation doctorale en anthropologie. Il est rédacteur en chef des *Cahiers d'Études africaines*. Il est en particulier l'auteur de : *Au cœur de l'ethnie. Ethnies, tribalisme et État en Afrique* (en coll. Avec E. M'Bokolo), Paris, La Découverte, 1985, 238 p. ; *Logiques métisses*, Payot, 2009 (traduction anglaise, *Mestizo Logics*, Stanford University Press) ; *Vers un multiculturalisme français. L'empire de la coutume*, Flammarion, 2001 (traduction anglaise, *Affirmative Exclusion*, Cornell University Press, 2003).

Élisabeth BADINTER est philosophe et historienne. Elle a enseigné à l'École Polytechnique. Elle est une figure de proue de la réflexion sur l'égalité entre les sexes. Parmi ses nombreux ouvrages : *Fausse route : réflexions sur trente années de féminisme*, Odile Jacob, 2003 (trad. Anglaise : *Dead end feminism*, 2007) ; *XY : de l'identité masculine*, Odile Jacob, 1992 ; *L'un est l'autre*, Odile Jacob, 1986 ; *L'amour en plus*, Flammarion, 1980.

Alain BLUM est directeur de recherches à l'Institut national d'études démographiques et directeur d'études à l'École des hautes études en sciences sociales, où il dirige le centre d'études des mondes russe, caucasien et centre-européen (EHESS et CNRS). Ses recherches portent sur l'histoire de la statistique et sur l'histoire de l'Union soviétique, en particulier les relations entre le scientifique et le politique. Il a notamment publié : *Des lettres et des chiffres – Des tests d'intelligence à l'évaluation du « savoir-lire ». Un siècle de polémique* (en collaboration avec France Guérin-Pace), Fayard, 2000 ; *L'Anarchie bureaucratique – Statistiques et pouvoir sous Staline* (en collaboration avec Martine Mespoulet), La Découverte, 2003, et a contribué à l'ouvrage dirigé par D. Arel et D. Kertzer, *Census and Identity. The Politics of Race, Ethnicity, and Language in National Censuses*, Cambridge, Cambridge University Press, 2002.

Jean-Luc BONNIOL est professeur d'anthropologie à l'université Paul-Cézanne Aix-Marseille 3, et travaille à la Maison méditerranéenne des sciences de l'Homme (Aix-en-Provence). Spécialiste des sociétés créoles (essentiellement Antilles de colonisation française, île de La Réunion), il s'est particulièrement confronté au problème de l'impact de la « race » dans la structuration sociale et les processus identitaires. Il est l'auteur de *La couleur comme maléfice. Une illustration créole de la généalogie des « Blancs » et des « Noirs »*, Paris, Albin Michel, 1992. Il a dirigé : *Paradoxes du métissage*, Paris, Éditions du CTHS, 2001 et, avec Maryline Crivello, *Façonner le passé. Représentations et cultures de l'histoire (XVI*e-

XXIe siècle), Aix-en-Provence, Publications de l'université de Provence, 2004.

Athanase Bopda est géographe et anthropologue. Il est maître de recherches à l'institut national de cartographie du Cameroun. Ses recherches portent sur l'intégration en relation avec l'urbanisation en Afrique et sur les idéologies de l'ethnicité en Afrique. Parmi ses publications récentes : *Yaoundé et le défi de l'intégration*, Cnrs Éditions, 2003, et *Un demi siècle de recherches urbaines au Cameroun* (avec K. Fodouop), inc, 2000.

Gwénaële Calvès est professeure de droit public. Ses recherches portent sur le droit de la non-discrimination et le droit des minorités. Elle est notamment l'auteure de *La discrimination positive*, Presses universitaires de France, Que sais-je ?, 2e éd., 2008. Elle co-anime au ceri, avec Daniel Sabbagh le groupe de recherche « Politiques anti-discriminatoires ».

Roser Cussó est historienne et démographe, maître de conférences au Département de sociologie de l'université de Paris-8 – Saint-Denis et chercheure associée au laboratoire de démographie historique de l'Ehess. Ses recherches portent sur les caractéristiques et l'évolution des statistiques démographiques et de l'éducation produites par les organisations internationales. Elle a codirigé l'ouvrage *Le conflit social éludé*, Bruylant, 2008. Parmi ses articles récents : « Restructuring Unesco's statistical services : The "sad story" of Unesco's education statistics four years later », *International Journal of Educational Development*, vol. 26, Issue 5, septembre 2006.

Véronique De Rudder est sociologue, chargée de recherche au Cnrs et membre de l'Unité de recherche migrations et société (Urmis). Elle dirige la base de données bibliographiques et le centre de documentation Rémisis (Réseau d'information sur les migrations internationales, Cnrs). Ses recherches portent sur les relations interethniques, le racisme et la construction sociale des catégories de l'altérité : ségrégation urbaine et résidentielle ; discriminations ethnistes et racistes le monde du travail : emploi, relations sociales, syndicalisme. Elle est l'auteure, avec Christian Poiret et François Vourc'h, de *L'inégalité raciste. L'universalité républicaine à l'épreuve*, Presses Universitaires de France, 2000.

Jean-Pierre Dozon, anthropologue, est directeur de recherche à l'Institut de recherche pour le développement (IRD). Il a travaillé principalement en Afrique de l'Ouest sur des questions de développement, de santé (notamment sur le sida), sur les problèmes ethniques, sur les relations entre politique et religion, ainsi que sur les relations franco-africaines. Il est également directeur d'études à l'École des hautes études en sciences sociales (EHESS) où il donne des séminaires en anthropologie religieuse et politique. Il a notamment publié *La cause des prophètes. Politique et religion en Afrique contemporaine*, Paris, Éditions du Seuil, 1995 ; *Frères et Sujets. La France et l'Afrique en perspective*, Paris, Flammarion, 2003 ; *L'Afrique à Dieu et à Diable. États, ethnies et religions*, Paris, Ellipses, 2008.

Alexandra Filhon est maître de conférences en sociologie à l'université de Paris-X Nanterre. Ses travaux portent sur la transmission familiale des langues en France, le plurilinguisme ainsi que sur la question des nomenclatures socioprofessionnelles en Europe. Elle a notamment publié *Langues d'ici et d'ailleurs. Transmettre l'arabe et le berbère en France*, Paris, INED, les *Cahiers de l'INED*, 163, 2009 ; « Parler berbère en famille, une revendication identitaire ? », *Revue européenne des migrations internationales*, 23 (1), 2007, et a dirigé avec Cécile Lefèvre, *Histoires de familles, histoires familiales. Les résultats de l'enquête Famille 1999*, INED, les *Cahiers de l'INED*, 156, 2005.

Elena Filippova est directrice de recherches à l'institut d'anthropologie et d'ethnologie de l'Académie des sciences de Russie (Moscou). Elle a longtemps travaillé sur les questions d'identité ethniques en Urss et en Russie, les classifications ethniques et les identités. Ses travaux portent aujourd'hui sur les identités en France. Elle a notamment dirigé, avec France Guérin-Pace, *Ces lieux qui nous habitent. Identité des territoires, territoires des identités*, Ined-L'Aube, 2008; *Une ethnographie du recensement de 2002* (avec D. Arel et C. Gousseff), Moscou, Aviaizdat, 2003 (en russe), et est l'auteure de «Territorialisation de l'ethnicité, ethnicisation du territoire. Le cas du système politique soviétique et russe» (avec A. Blum), *L'Espace géographique*, 35 (4), 2006.

Michel Giraud est anthropologue, directeur de recherches au Cnrs. Il travaille au sein du Centre de recherches sur les pouvoirs locaux dans la Caraïbe (Cnrs et université des Antilles-Guyane). Il a publié de nombreux ouvrages et articles, parmi lesquels: *Races et classes à la Martinique*, Anthropos, 1979; *L'école aux Antilles*, Karthala, 2001; «Le passé comme blessure et le passé comme masque», *Cahiers d'Études africaines*, 173 (4), 2004, «Revendications identitaires et cadre national», *Pouvoirs*, 1132, 2005.

France Guérin-Pace, géographe et statisticienne, est directrice de recherche à l'Ined. Elle codirige l'unité «Identités et territoires» et est membre associée de l'Umr Géographie-cités du Cnrs. Elle a travaillé à la conception de plusieurs enquêtes «Populations – Espaces de vie – Environnements» 1992, «Compétences face à l'écrit et illettrisme», 2002, «Construction des identités», 2003. Elle anime un séminaire sur les «Méthodes d'observation: des individus aux populations» (Université Paris 1, Ehess). Parmi les ouvrages qu'elle a publiés ou codirigés: *En quête d'appartenances* (dir. avec O. Samuel, I. Ville), Ined, 2009; *Ces lieux qui nous habitent* (dir avec E. Filippova) ; INED-L'Aube, 2008, *Des lettres et des chiffres – Des tests d'intelligence à l'évaluation du « savoir lire ». Un siècle de polémiques* (en collaboration avec A. Blum), Fayard, 2000.

Stéphane JUGNOT, statisticien et économiste, est diplômé de l'École nationale de la statistique et de l'administration économique (ENSAE). Dans ses différentes fonctions, il a acquis une pratique de la statistique publique, notamment des sources disponibles sur le marché du travail et le recensement de population. Il a travaillé sur le marché de l'emploi, en particulier sur l'évaluation des effets de la réduction du temps de travail et l'évaluation de politiques d'accompagnement des demandeurs d'emploi. Il a participé à l'élaboration de tableaux de bord de suivi de politiques publiques (politique de la ville, service public de l'emploi).

Kamel KATEB est chercheur démographe à l'INED au sein des unités de recherche « Migrations Internationales et Minorités » et « Identités et territoires des populations ». Ses travaux portent sur l'histoire statistique de l'Algérie et sur les migrations entre le Maghreb et l'Europe. Il a notamment publié : *Européens, « indigènes » et juifs en Algérie : 1830-1962*, Presses universitaires de France, 2001 (préface de B. Stora) ; *Fin du mariage traditionnel en Algérie ? (1876-1998) : une exigence d'égalité des sexes*, Bouchène, 2001 ; *École, population et société en Algérie*, l'Harmattan, 2005 ; « Les politiques françaises d'assimilation en Algérie », in *L'invention des populations*, dir. par H. Le Bras, Odile Jacob, 2000.

Smaïn LAACHER est sociologue et chercheur au Centre d'étude des mouvements sociaux (CNRS-EHESS). Il a été de 1999 à 2008 juge assesseur représentant le Haut Commissariat des Nations unies pour les réfugiés (HCR) à la Commission des recours des réfugiés puis à la Cour nationale du droit d'asile. Il a notamment publié, *Après Sangatte. Nouvelles immigrations.*

Nouveaux enjeux, La Dispute, 2002 ; *L'institution scolaire et ses miracles*, La Dispute, 2005 ; *L'immigration*, collection Idées reçues, Le Cavalier Bleu, 2006 ; *Le peuple des clandestins*, Calmann-Lévy, 2007 ; *Mythologie du Sans-papier*, Le Cavalier Bleu, 2009.

Jacqueline Laufer est sociologue. Professeure à Hec-Paris, ses recherches portent sur la mise en œuvre de l'égalité professionnelle entre les hommes et les femmes, et sur les politiques d'entreprises en matière d'égalité professionnelle, de lutte contre les discriminations et de diversité. Elle est membre du Conseil supérieur pour l'Égalité professionnelle et membre du Comité consultatif de la Halde. Parmi ses publications récentes : « Entre égalité et inégalités : les droits des femmes dans la sphère professionnelle », *L'Année Sociologique*, 53, 1, 2003 ; « Les accords d'entreprise sur l'égalité professionnelle », *Regards sur l'actualité*, La Documentation Française, 317, janvier 2006 (avec Rachel Silvera) ; « L'égalité professionnelle entre les femmes et les hommes est-elle soluble dans la diversité ? » *Travail, Genre et Société*, 21, 2009.

Hervé Le Bras est directeur d'études à l'Ehess, directeur de recherches émérite à l'Ined et Fellow de Churchill College à l'université de Cambridge. Il a dirigé le laboratoire de démographie historique (1987-2007), le doctorat de démographie et sciences sociales (1990-1998), présidé le conseil scientifique de la délégation à l'aménagement du territoire (Datar). Il a été rédacteur en chef de la revue *Population* (1978-1990). Parmi ses ouvrages en rapport avec les travaux de la Carsed : *The Nature of Demography*, Princeton University Press, 2008 ; *Le Démon des origines*, l'Aube, 1998 et trad. italienne, Feltrinelli 2001 ; *Le Sol et le Sang*, l'Aube, 2007 ; *Immigration positive* (avec Jack Lang), Odile Jacob, 2006.

Jean-Luc Richard, maître de conférences en démographie et sociologie, ancien chargé de recherche en science politique à la Fondation nationale des sciences politiques (CEVIPOF). Il a publié ou dirigé plusieurs ouvrages et recherches sur les questions de migrations, d'intégration des personnes issues de l'immigration, et de discriminations. L'ouvrage de la Documentation française, *Immigration, marché du travail, intégration*, 2002, est issu du séminaire de recherche qu'il a organisé au Commissariat général du Plan en 2001-2002. Il a publié *Partir ou rester : destinées des jeunes issus de l'immigration*, Presses Universitaires de France, 2004.

Serge SLAMA est maître de conférences en droit public à l'université Evry-Val-d'Essonne (Centre Léon-Duguit) et membre du Centre de recherche et d'études sur les droits fondamentaux (CREDOF) de l'université Paris X-Nanterre. Ses recherches portent sur le droit des étrangers, les discriminations produites par l'administration, la justiciabilité des droits sociaux et les contentieux des droits de l'Homme. Il anime depuis septembre 2008 le blog « Combats pour les droits de l'homme ». Parmi ses derniers travaux : « Discriminations », *Dictionnaire Permanent – Droit des étrangers*, Éditions législatives, janvier 2003 ; « La discrimination indirecte : du droit communautaire au droit administratif », *AJFP*, 4, 2003 ; « La fabrique d'une immigration hoisie. De la carte d'étudiant au statut de travailleur étranger, Lille-Bobigny, 2001-2004 », *La Revue de l'IRES*, 50, 2006 (1) p. 27 (avec Antoine Math, Alexis Spire, Mouna Viprey) ; page personnelle CREDOF ; *Blog Combats pour les droits de l'homme.*

Maryse TRIPIER est professeure émérite de sociologie à l'université de Paris 7-Denis-Diderot. Elle a dirigé l'URMIS (Unité de recherche Migrations et Société) de 1995 à 2002. Elle est co-fondatrice du DEA « Migrations : Espace et Société », actuellement master de l'université Paris Diderot. Ses domaines de recherche portent sur la place des immigrés dans la classe ouvrière en France, le rôle des syndicats dans l'intégration des ouvriers étrangers et le devenir scolaire et social des enfants issus de l'immigration. Elle a notamment publié : (avec Alain Léger) *Fuir ou construire l'École populaire*, Méridiens Klincsieck, coll. « Réponses sociologiques », 1986 ; *L'immigration dans la classe ouvrière en France*, CIEMI-L'Harmattan, 1990 ; *Jeunes issus de l'immigration : de l'école à l'emploi* (dir., avec F. Aubert et F. Vourc'h), CIEMI-L'Harmattan, 1997 ; (avec Andréa Rea), *Sociologie de l'immigration*, Repère, 364, La Découverte, 2003, réédition 2008.

Le secrétariat de la CARSED, les comptes rendus des réunions et la mise au point du rapport sont l'œuvre de Martine Morier, EHESS.

Nous remercions les représentants d'association et les personnalités de la vie civile qui ont accepté de venir débattre avec la CARSED pour l'aider à formuler son analyse de la diversité et ses propositions de lutte contre les discriminations, en particulier :

Dominique Sopo, président de l'association Sos-Racisme ;

Sihem Habchi, présidente de l'association Ni putes ni soumises ;

Roselyne Jourdan, syndicat SUD INSEE ;

Ghislaine Ormancey, syndicat CFDT INSEE ;

Claude Choffat, syndicat CFTC INSEE ;

Louis-Georges Tin, vice-président du CRAN (conseil représentatif des associations noires) ;

Freddy Liénard, syndicat FO INSEE ;

Julie Herviant, syndicat CGT INSEE ;

Georges Paul Langevin, députée du XXe arrondissement de Paris ;

Alain Foix, philosophe et écrivain, auteur de *Noir : de Toussaint Louverture à Barack Obama,* Galaade, 2009 ;

Daniel Maximin, écrivain et poète, auteur de *Les Fruits du cyclone : géo-poétique des Caraïbes*, Le Seuil, 2006.

Table des matières

Achevé d'imprimer en octobre 2009
sur les presses de l'imprimerie Pulsio
pour le compte des éditions de l'Aube
rue Amédée Giniès, F-84240 La Tour d'Aigues

Numéro d'édition : 4
Dépôt légal : octobre 2009
N° d'impression :

Imprimé en Europe